D1749864

Folge den
SCHOKOLADEN WOLKEN

und entdecke eine Welt voller Magie ...

Die Schokoladenwolken

von

Marc Remus

mit Zeichnungen des Autors

Misty Moon Books für Kinder und Jugendliche

Erstveröffentlichung 2. Dezember 2021
Misty Moon Books / Marc Remus

Urheberrecht © 2022 Marc Remus
Illustrationen © 2022 Marc Remus

www.MarcRemus.com
Remus@MarcRemus.com
Misty Moon Books Bücher werden durch Amazon vertrieben
und sind auf www.Amazon.de erhältlich.

Alle Rechte vorbehalten.
Kein Teil dieser Publikation darf in irgendeiner Form übertragen oder
mit irgendwelchen Mitteln – ob mechanisch, durch Fotokopie oder anderweitig –
ohne die vorherige Erlaubnis des Autors vervielfältigt werden.

Umschlaggestaltung und Illustrationen von Marc Remus
Gestaltung und Satz von Marc Remus

Deutsche Ausgabe:
Lektorat: Nadja Losbohm, Dr. Maya Grossman

Englische Ausgabe:
Lektorat: Nancy Butts
Korrekturleser: Nohemi Samundio Gamis, Stacy Shaneyfelt, Nafiul Islam

Die Schokoladenwolken:
Henry geht auf eine abenteuerliche Reise, um die gestohlenen Schokoladenwolken zu finden.

ISBN: 978-3-949488-047 (Taschenbuch)
ISBN: 978-3-949488-061 (gebundene Ausgabe)
ISBN: 978-3-949488-054 (Ebook)

 lle Figuren in diesem Buch basieren auf realen Personen, die gelebt haben oder noch leben, wie die Riesin Daphne.

Einige dieser Personen sind Buchhalter, Börsenmarkler, Musiker sowie Mütter. Andere sind Historiker, Feuermänner und Studenten.

Sogar der Kater Tiger existiert.
Er ist orange, fett und lebt in Arizona, USA.

Die wahren Identitäten dieser Menschen bleiben vertraulich und werden auf ewig ein Geheimnis Schlemmerlands bleiben.

Inhaltsverzeichnis

LISTE DER GANZSEITIGEN ILLUSTRATIONEN 8

LANDKARTE VOM ZUCKERREICH & UMGEBUNG 10

KAPITEL 1: SCHOKO-LOCOVILLE 15

KAPITEL 2: WO SIND DIE SCHOKOLADENWOLKEN? 25

KAPITEL 3: LEB WOHL ZUCKERREICH 33

KAPITEL 4: DIE MONSTERBERGE 43

KAPITEL 5: DIE BLOCKHÜTTE 51

KAPITEL 6: KAROTTINA 59

KAPITEL 7: DAS VIERTE KÖNIGREICH 67

KAPITEL 8: HENRY VERLÄSST DIE TROLLE 77

KAPITEL 9: DOWNTOWN VEGGINGTON 87

KAPITEL 10: DER KAROTTENTOWER 95

KAPITEL 11: DER VEGANERWALD 105

KAPITEL 12: GEFAHR 113

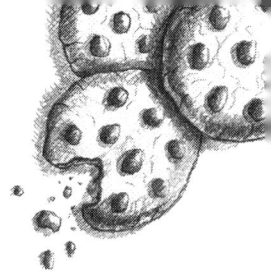

KAPITEL 13: DIE BLUMEN DER SEHNSUCHT	121
KAPITEL 14: DIE ÜBERQUERUNG	129
KAPITEL 15: OBSTOPOLIS	139
KAPITEL 16: KÖNIGIN DAMASKINO	149
KAPITEL 17: DER ELF MILO	157
KAPITEL 18: DIE HÖHLE	167
KAPITEL 19: MILCHPRODUKTE	175
KAPITEL 20: DIE KNOCHENBRECHERINSEL	185
KAPITEL 21: DIE MONSTER	195
KAPITEL 22: DIE SCHOKOLADENWOLKEN	205
KAPITEL 23: ZURÜCK IN DIE HEIMAT	213
EINE BITTE	223
MEHR SCHOKOLADENWOLKEN	225
LUSTIGE FAKTEN ÜBER SCHOKOLADENWOLKEN	226
AKTIVITÄTEN	228
KAROTTINA INTERVIEW	230
KAROTTINA LESEZEICHEN	234
ALLGEMEINE INFORMATIONEN	239
ÜBER DEN AUTOR	240
AUTOREN-INTERVIEW	242
IN GEDENKEN AN	248
DANKSAGUNG	250
LITERATURPREISE & WEITERE VERÖFFENTLICHUNGEN	252

Liste der ganzseitigen Illustrationen

DIE LEBKUCHENVILLA	2
KARTE VOM ZUCKERREICH & UMGEBUNG	10
HENRY BLICKTE VON SEINEM LIEBLINGSBUCH AUF	14
HENRY STARRTE WIE VOM BLITZ GETROFFEN IN DEN HIMMEL	24
HENRY BEGANN ZU PACKEN	32
ER SCHAUTE ZU DEN STEILEN BERGEN	42
TIGER SPRANG AUF HENRYS BAUCH	50
DIE KREATUR SAH AUS WIE EINE RIESIGE KAROTTE	58
»TROLLE!«, BRÜLLTE HENRY	66
»AN DIESES ESSEN KÖNNTE ICH MICH GEWÖHNEN«	76

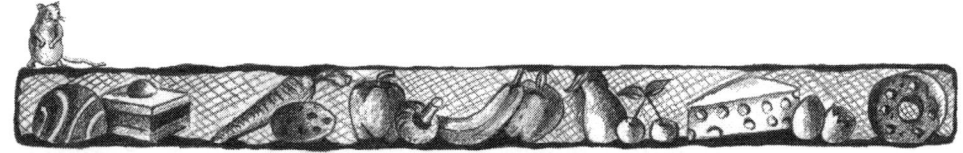

HENRY STARRTE MIT BEGEISTERUNG DIE WOLKENKRATZER AN	86
»DER IST ABER ECHT BEEINDRUCKEND«, SAGTE HENRY	94
HENRY KONNTE IN DIESER NACHT NICHT GUT SCHLAFEN	104
MANCHMAL BLIEB ER STEHEN UND UNTERSUCHTE DIE RINDE	112
ALLE BLÜTEN ENTHIELTEN SCHOKOSTÜCKCHEN	120
HENRY BEGANN DER SCHWEIß AM KÖRPER RUNTERZULAUFEN	128
»ACHT HÜTTEN? IST DAS ALLES?«	138
DAS KÖNIGREICH OBSTOPOLIS	142
»ICH WÜRDE EINE PERFEKTE PRINZESSIN ABGEBEN	148
MILO SCHWEBTE VOR SEINER NASE	156
MILO FLATTERTE UM HENRYS KOPF HERUM UND LÄCHELTE	164
DIE ELFE LIEß EINE BLAUBEERE IN DIE SCHALE FALLEN	174
DER MARSCH FÜHRTE SIE ÜBER RIESIGE FELSBROCKEN	184
HENRY BEOBACHTETE EINEN SCHLAFENDEN RIESEN	194
DER RIESE TRAT NÄHER AN HENRY HERAN	204
»WAS HAST DU MIT DEN SCHOKOLADENWOLKEN GEMACHT?«	209

ZUCKERREICH
und die umgebenden
Königreiche
N
W
E
S
VEGGINGTO
FENCHELSEE
DIE HÜTTE
DER TROLLE
SCHOKO-LOCOVILLE
ZUCKERLAND
DIE MONSTERBERGE
LEBKUCHEN-
VILLA
LOLLIHOVEN
GUMMIBÄRINGTEN

OBSTOPOLIS
DER HÖHLEN-
EINGANG
DIE BLUMEN DER
SEHNSUCHT
KIRSCH
WASSERFALL
VEGANER-
WALD
OMELETT- OZEAN
ZITRONEN
WASSERFALL
DIE
KNOCHENBRECHER-
INSEL

Henry blickte von seinem Lieblingsbuch auf.

Kapitel Eins

SCHOKO-LOCOVILLE

»Du bist so fett«, sagte Henry. Er blickte von seinem Lieblingsbuch, das vor ihm auf dem Bett aufgeschlagen war, auf und schaute den dicken Kater neben sich an. »Wenn ich dich nur mit irgendwas anderem außer Schokolade und Süßigkeiten füttern könnte.«

Der fettleibige orangenfarbige Kater maunzte kurz und rümpfte die Nase, als ob er *Das musst du gerade sagen!* von sich geben wollte.

»Ich weiß«, sagte Henry. »Ich bin ja selbst ganz schön fett. Wenn ich nur etwas abnehmen könnte.« Er packte eine seiner Speckrollen an der Taille. Sie schwabbelte hin und her wie ein Wackelpudding. Henry hatte mindestens 15 Kilo Übergewicht und er war sehr unglücklich darüber. Obwohl er schon mehrmals versucht hatte, Gewicht zu verlieren, hatte er es nie geschafft. Aber genau so erging es allen Leuten um ihn herum.

Die Bewohner von Zuckerreich waren alle dick, weil es in diesem Land außer Süßigkeiten und Schokolade keine anderen Lebensmittel gab. In Henrys Heimatstadt Schoko-Locoville war es ganz normal, den ganzen Tag Bonbons zu lutschen. Das Leben drehte sich darum, die besten Süßigkeiten zu produzieren, und keiner wusste, wie man andere Lebensmittel herstellte.

So sehr die Bewohner ihr Gewichtsproblem auch schönredeten und sich selbst als vollschlank, stattlich oder stark gebaut bezeichneten, so war sich Henry trotz seines jungen Alters von nur zehn Jahren bewusst, dass er übergewichtig war. Und er hatte kein Problem, das Unwort *fett* zu verwenden, wenn er über sich selbst redete.

Henry blickte auf einen Teller mit vielen Schokoladenkeksen, der neben ihm auf dem Bett stand. Er liebte Schokolade, aber er sehnte sich mehr danach abzunehmen, als jeden Tag Süßigkeiten zu essen. »Ich hab' so einen Hunger«, sagte er und schob die Kekse zu seinem Kater. »Aber ich darf sie nicht essen.«

Der kugelrunde Kater schnupperte kurz an den Keksen und streckte eine seiner Tatzen aus.

»Nur einen Keks«, ermahnte Henry ihn. »Nicht mehr!«

Der Kater machte einen Satz nach vorne und begann den ganzen Haufen Kekse zu verschlingen.

»Tiger, hör sofort auf damit«, schrie Henry. »Ich hab' dir gesagt *Einer*, nicht alle.« Henry rettete den Teller aus den Fängen seines Katers und schob ihn zur Seite. »Zieh ab und beweg' dich etwas. Das wird dir guttun.« Tiger hüpfte vom Bett, klatschte auf den Boden und verließ den Raum.

Henry las den Titel seines Buches, das noch vor ihm aufgeschlagen lag: *Die Mythologie von Schlemmerland*. Er blätterte durch die ersten Seiten und las das Vorwort.

Die Geschichte Schlemmerlands liegt im Dunkeln. Niemand weiß, was wirklich geschah. Deshalb basiert dieses Buch nicht unbedingt auf Fakten, sondern ist eher eine Sammlung von Legenden und Geschichten.

Henry liebte es, die Geschichten Schlemmerlands zu lesen, aber im Gegensatz zu dem, was im Vorwort geschrieben stand, war Henry davon überzeugt, dass die Legenden keine Phantasiegeschichten waren. Die Experten in Zuckerreich behaupteten zwar, dass ihre Bewohner die einzigen Menschen auf der Welt seien, aber Henry teilte diese Überzeugung nicht. Für ihn machte es mehr Sinn, dass sie nicht alleine auf der Welt waren. Denn den Legenden zufolge war Zuckerreich nur ein Teil einer Welt namens Schlemmerland, wo viele verschiedene Arten Nahrungsmittel hergestellt wurden. Vier Königreiche regierten über das Land und jedes Reich war für eine Lebensmittelart zuständig. Zuckerreich war nur eines der Königreiche, aber es gab noch Veggington, wo man Pflanzen anbaute und essbare Produkte wie Kartoffeln, Tomaten und Karotten erntete.

Henry versuchte sich immer vorzustellen, wie dieses Gemüse wohl aussah. Aber trotz der genauen Beschreibung im Buch konnte er sich nie so richtig ein Bild davon machen. Und deshalb ließ er seiner Fantasie freien Lauf und stellte sich das Gemüse vor, wie er wollte.

Was ihn aber besonders beeindruckte, waren die süßen Snacks, die eine gesunde Variation von Süßigkeiten waren. Sie wurden *Früchte* genannt. Eine der Familien züchtete sie an Bäumen und Büschen in einem Reich namens Obstopolis. Henry konnte sich kaum vorstellen, dass man diese süßen Früchte essen konnte, ohne dick zu werden.

Ein lautes Maunzen kam aus dem unteren Stockwerk. Henry blickte von seinem Buch auf und rief laut: »Tiger, ist alles okay?« Aber Tiger gab keinen weiteren Ton von sich.

Henry wendete sich wieder seinem Buch zu und las weiter. Er kam an den Punkt, wo die Knochenbrecherinsel erwähnt wurde. Hier lief ihm immer ein Schauer über den Rücken. Dieser Ort in Schlemmerland wurde von einer Familie bewohnt, die Tiere züchtete. Diese versorgten das Reich mit Nahrung, die alles andere als Süßigkeiten waren.

»Runter vom Tisch, du blöder Kater«, brüllte eine Stimme aus dem Erdgeschoss.

»Reese, lässt du wohl Tiger in Ruhe«, rief Henry laut und schlug das Buch mit einem Knall zu. Dann sprang er vom Bett auf. Er wusste, dass das Zimmermädchen seinen Kater nicht besonders mochte. Als er die Treppe der Villa herunterkam, sah er, wie Reese Tiger mit einem Besen durch das Haus jagte.

»Hör sofort auf!«, sagte Henry.

Die Frau, die rund wie ein Ballon war, ließ ihren Besen fallen.

»Ich bitte um Verzeihung, aber ihre Mutter hat mir gesagt, dass ich den Kater nicht auf den Tisch lassen soll.«

»Ist ja okay, aber sie müssen ihn ja nicht gleich mit dem Besen jagen«, sagte Henry.

Er nahm Tiger hoch, der zitternd hinter der Couch kauerte. »Wo ist denn meine Mutter heute schon wieder?«

»Sie ist auf der Arbeit in der Schokoladenfabrik«, sagte Reese.

»Aber es ist doch Sonntag«, sagte Henry.

Reese zuckte nur mit den Schultern und warf ihm einen mitleidigen Blick zu.

»Natürlich«, murmelte Henry vor sich hin. Er war nicht wirklich überrascht, dass seine Mutter an einem Sonntag arbeitete. Ihr gesamtes Leben drehte sich nur darum, die beste Schokolade für das Zuckerreich herzustellen. Da sie die einzige Schokoladenherstellerin war, kauften alle Läden in Schoko-Locoville ihre Schokolade. So wurde Henrys Familie zur einflussreichsten im Land. Zwar wurden auch Süßigkeiten in anderen Städten hergestellt, aber keine der Städte produzierte Schokolade. Die Stadt Lollihoven baute Bonbons und Lutscher auf den Feldern an und in Gummibäringten wurden Süßigkeiten in den tief liegenden Zuckerminen abgebaut. Manche Kleinstädte spezialisierten sich auf Fruchtgummiarten, Lakritze oder Karamell. Aber trotz dieser Vielfalt war Schokolade immer noch die beliebteste Nahrung im Zuckerreich und so war Schoko-Locoville wichtiger als alle anderen Städte zusammen.

»Das Frühstück ist fertig. Alles steht im Speisezimmer«, sagte Reese.

»Danke«, sagte Henry. »Wann kommt denn meine Mutter

zurück?«

»Sie arbeitet wieder sehr lange«, sagte Reese. »Das ganze Land braucht sie.«

»Ich brauch' sie auch«, sagte Henry leise zu sich selbst und seufzte dabei enttäuscht. Dann ging er ins Speisezimmer.

Wenn Vater doch noch am Leben wäre, dachte Henry. Damals teilten sich seine Eltern die Arbeit und seine Mutter hatte mehr Zeit für Henry. Aber jetzt musste sie sich um die gesamte Fabrik kümmern und Henry war nicht mehr die Nummer eins auf ihrer Prioritätenliste.

Henry seufzte noch einmal, als er den großen Tisch im Speisezimmer sah. Er war voll mit Schokoladeneiern, Getränken aus Schokolade, Schokoaufstrichen und allen Sorten von Schokoladenkonfekten.

»Schoko, Schoko, Schoko«, sagte Henry mehrmals. »Ich kann sie nicht mehr sehen.«

Ihm war klar, dass Schokolade die Existenzgrundlage der Familie war und dass er ohne sie nicht so ein angenehmes Leben hätte. Wenn es sie nicht geben würde, müsste er vielleicht wie die Kinder der armen Familien in den Zuckerminen arbeiten. Seine Mutter wäre vielleicht eine einfache Lollipflückerin. Aber trotzdem war er nicht glücklich, denn wenn es diese ganzen Süßigkeiten nicht gegeben hätte, wäre sein Vater vielleicht noch am Leben.

Lange bevor Henry geboren wurde, hatten seine Eltern

eine geniale Idee. Damals schwebten Schokoladenwolken über Zuckerreich. Die Menschen folgten den Wolken überall hin und wenn die Sonne schien, schmolz die Schokolade und tropfte runter. Die Menschen fingen die Schokolade in Eimern auf, aber der Hauptanteil landete im Dreck und war verloren.

Henrys Vater zog die Wolken auf sein Grundstück und befestigte sie dort. Dann bauten Henrys Eltern ein Auffangsystem, damit kein Tropfen Schokolade mehr verloren gehen konnte. Ab diesem Zeitpunkt wurde Henrys Familie reich, und sie baute die Lebkuchenvilla, in der Henry aufwuchs. Aber umso reicher die Familie wurde, umso dicker wurde Henrys Vater, und schließlich führte sein Übergewicht zum Tod. Seitdem versuchte Henry so wenig wie möglich Schokolade zu essen, damit er nicht wie sein Vater enden würde. Aber mit Süßigkeiten abzunehmen war sehr schwer.

Henry setzte sich an den großen Tisch. »Ich wünschte, Mami wäre einmal beim Frühstück dabei«, sagte er. Er setzte Tiger auf den Stuhl neben sich und gab seinem Kater ein Gummibärchen. »Ich bin so froh, dass es dich gibt, Tiger. Ohne dich wäre ich ganz allein.« Tiger schnurrte, als Henry ihm den Rücken kraulte. »Wenn Mutti nicht immer diese blöden Privatlehrer anbringen würde, dann hätte ich einige Freunde. Aber nein, sie ist ja der Überzeugung, dass öffentliche Schulen nicht gut genug für mich sind.«

Henry biss in ein Stück Biskuit. Gerade als er zu kauen begann, hörte er einen Schrei in der Lebkuchenvilla.

Reese kam in das Speisezimmer gerannt. »Schnell, das musst du dir anschauen«, sagte sie und winkte Henry zu sich. »Deine Mutter ist draußen mit der gesamten Belegschaft der Fabrik.«

»Warum das denn?«, fragte Henry. Er sprang vom Tisch auf und rannte dem Dienstmädchen hinterher. Henry öffnete die Tür der Villa und trat ins Freie. Ein heißer Luftzug blies ihm ins Gesicht.

Während des Sommers verließen normalerweise die Bewohner von Zuckerreich kaum ihre Häuser. Aber diesmal hatten sich Hunderte um den Hügel, auf dem die Lebkuchenvilla stand, versammelt. Henry erkannte, dass es die Arbeiter aus der Schokoladenfabrik waren. Alles sah ganz normal aus, außer dass sie im grellen Sonnenlicht standen. Irgendwas stimmte nicht. Wo war der Schatten geblieben, den die Wolken normalerweise auf die Farm warfen?

»Oh, wie furchtbar«, rief Reese und blickte in den Himmel.

Henrys Puls begann schneller zu schlagen und Schweiß tropfte von seiner Stirn. Er blickte nach oben zur Sonne.

»Das ist mehr als nur furchtbar«, sagte Henry. »Das ist ein Albtraum. Die riesigen Schokowolken sind verschwunden.«

Henry starrte wie vom Blitz getroffen in den Himmel.

Kapitel Zwei

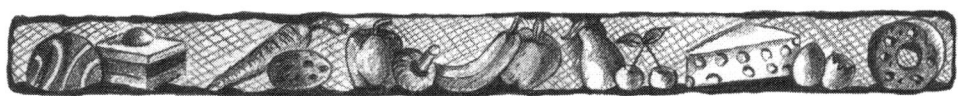

WO SIND DIE SCHOKOLADENWOLKEN?

Henry starrte wie vom Blitz getroffen in den Himmel. Normalerweise konnte man die Schatten der Schokoladenwolken auf den Feldern sehen. Die weiche Schokolade würde heruntertropfen und die Feldarbeiter würden sie von den hellen Fliesen auf den Feldern abkratzen.

Aber diesmal war nichts im Himmel zu sehen, noch nicht einmal ein Hauch von Wolke, nur unendliches Blau und die sengende Sonne.

»Was ist passiert?«, fragte Henry.

Reese zuckte mit den Schultern. »Ich habe keine Ahnung. Gestern Abend waren sie noch da.«

»Jemand hat sie gestohlen«, schrie ein kräftig gebauter Mann auf dem Feld.

Henry schaute auf die Felder und sah eine Gruppe von fünf Leuten, die auf die Villa zugelaufen kamen. Henrys Mutter folgte der Gruppe. Ihre lockigen blonden Haare wippten wie Sprungfedern auf und ab, als sie den Hügel hochgerannt kam. In ihrem pummeligen Gesicht hatte sich das Entsetzen breitgemacht.

»Jemand hat die *Cumulonimbus Cacaonicus* gestohlen«, sagte sie, als sie die Villa völlig außer Atem erreichte. Sie wendete sich dem Dienstmädchen zu. »Reese, würden Sie bitte die Polizei rufen? Als ich heute Morgen um vier Uhr in die Fabrik gegangen bin, waren die Wolken noch da. Jemand muss in der Dunkelheit die Seile losgebunden haben.«

Henry schaute zu den Eichen, an denen die Wolken normalerweise festgeknotet waren. Die Seile lagen zwar auf dem Boden, aber merkwürdigerweise waren sie immer noch an den Bäumen befestigt. Wenn jemand sie einfach nur losgebunden hätte, wären sie von den Wolken davongetragen worden.

Henry lief den Hügel hinunter. Er hob eines der Seile auf und folgte ihm bis zum Ende. Dort war ein Pfahl mit einem Stück Schokolade befestigt. Henry verstand sofort, was geschehen war. Jemand hatte die Pfähle, an denen die Seile in den Wolken befestigt waren, herausgerissen. Aber warum würde sich jemand so viel Arbeit machen? Er müsste in die Wolken fliegen, um dann dort die Pfähle herauszureißen. Es wäre doch viel einfacher, sie von den Bäumen loszubinden. Und wer wäre überhaupt in der Lage, so hoch zu fliegen?

Vor langer Zeit hatte Henrys Vater einen Heißluftballon erfunden, der einzige Ballon im ganzen Zuckerreich. Henrys Vater war damit zu den Schokoladenwolken geflogen und hatte die Pfähle dort befestigt, um sie daran zu seiner Farm zu ziehen. Danach zerstörte er den Heißluftballon und die Baupläne. Seit jener Zeit hatte nie wieder jemand die Schokoladenwolken von oben gesehen und sie blieben für immer im Besitz der Familie. Aber jetzt war etwas geschehen. Irgendjemand konnte in den Himmel fliegen. Vielleicht hatte jemand nach all den Jahren wieder einen Heißluftballon gebaut.

Henry rannte zur Lebkuchenvilla zurück. »Mutti«, rief er. »Du musst dir die Seile anschauen.«

Seine Mutter unterhielt sich mit den Leuten, die um sie herumstanden.

»Wenn wir die Wolken nicht zurückbekommen, ist ihr ganzes Imperium in Gefahr«, sagte ein pummeliger Mann mit einem weißen Bart.

»Lollihoven wird die Verkäufe steigern können«, sagte eine kugelrunde junge Frau. »Und Gummibäringten wird seine Arbeiter noch mehr ausbeuten, um genügend Lebensmittel für alle zu produzieren.«

»Ich weiß«, sagte Henrys Mutter. »Vielleicht findet die Polizei Beweise und wir bekommen die Wolken zurück. Ich möchte vermeiden, dass Sie alle ihren Job verlieren und dann in den Gummibärminen arbeiten müssen.«

»Mutti«, sagte Henry nochmals. »Du musst dir die Bäume genauer ansehen.«

Henrys Mutter warf ihm einen Blick zu. »Ich habe jetzt keine Zeit für dich. Das ist hier eine sehr ernste Angelegenheit. Wir müssen die Wolken wiederbekommen, sonst bleibt uns vielleicht nichts anderes übrig, als die Villa zu verkaufen, und ich muss einen neuen Job annehmen. Und dann entsteht vielleicht noch ein Engpass an Lebensmitteln.« Henry zuckte zusammen. Daran hatte er überhaupt nicht gedacht.

Wenn es keine Schokolade mehr geben würde, könnte es einige Zeit dauern, bis die anderen Städte genug Nahrung produzieren würden. Vielleicht würde das sogar zu einer Hungersnot führen.

»Aber Mutti«, sagte Henry und zeigte auf die Baumstämme. »Die Bäume —«

Henrys Mutter unterbrach ihn. »Geh und spiel mit Tiger.« Dann drehte sie sich zu dem Mann mit dem weißen Bart um und diskutierte mit ihm weiter.

Henry gab einen kurzen Seufzer von sich. Er fragte sich, warum er überhaupt versucht hatte, die Aufmerksamkeit seiner Mutter zu bekommen. Sie hörte ihm sowieso nie zu.

Tiger trottete aus der Villa. Er hatte einen Schokoladentrüffel im Maul.

»Komm schon«, sagte Henry. »Mutti hört mir sowieso nicht zu.«

Henry lief den Hügel hinunter und schaute sich noch einmal das Seil an den Bäumen an. Wer hätte einen Heißluftballon bauen und damit zu den Wolken fliegen können? Henry folgte einem Seil, das unter einem anderen Baum lag. Es führte ihn weg von den Feldern. Tiger lief zum Zaun und schnüffelte auf dem Boden herum.

»Bleib auf den Feldern«, rief Henry.

Der Kater setzte sich hin und maunzte wehleidig. Henry kannte Tiger gut genug, um zu wissen, dass der Kater ihm mit diesem Miauen etwas zeigen wollte.

Henry verließ die weiß gekachelten Felder und lief zu Tiger hinüber. Der Kater saß neben einem großen Haufen Schokolade, der in einem ausgetrockneten Grasbüschel klebte.

»Was hat denn Schokolade hier zu suchen?«, fragte Henry. Er wusste, dass die Felder so gebaut waren, dass kein Tropfen Schokolade verloren ging.

Tiger lief weiter von den Feldern weg und maunzte wieder. Henry folgte ihm und fand einen weiteren Schokoladenhaufen.

»Ich verstehe«, sagte Henry. »Die Wolken wurden von den Feldern in diese Richtung weggezogen. Wir müssen einfach den Schokoladenhaufen folgen. Dann finden wir die Wolken.« Er blickte auf und zeigte zum Horizont.

Ihm lief es eiskalt den Rücken herunter, als er eine Bergkette in der Ferne sah. »Die Monsterberge«, sagte Henry. Er spürte, wie sein Herz zu rasen begann.

Gerüchten zufolge lebten in den Bergen Monster und niemand wagte es, sich der Bergkette auch nur zu nähern. Henry hatte mehrmals versucht über die Berge etwas herauszufinden, aber kein einziges Buch im Zuckerreich erwähnte sie, noch nicht einmal die *Mythologie von Schlemmerland*.

Henry glaubte nicht an Monster. Er hatte seine eigene Theorie. Er war überzeugt, dass die anderen Schlemmerlandfamilien hinter diesen Bergen lebten. In der Mythologie von Schlemmerland hatte er gelesen, dass es einen Krieg zwischen den vier Familien gegeben hatte. Seine Vorfahren hatten diesen Krieg gewonnen und zogen dann mit den riesigen Schokoladenwolken ins Zuckerreich. Sie verbreiteten das Gerücht, dass Monster in den Bergen leben würden, sodass niemand es wagte, die Bergkette zu durchqueren.

»Ich glaub', die anderen Familien haben die Schokoladenwolken gestohlen«, sagte Henry und nahm Tiger auf den Arm. »Wir müssen etwas dagegen tun.«

So sehr Henry auch seiner Mutter von seiner Entdeckung erzählen wollte, so sehr wusste er auch, dass sie ihm nie zuhören würde. Ihr war ihre Arbeit wichtiger als Henry. Wenn er heute verschwinden würde, würde sie es wahrscheinlich erst Wochen später bemerken. Henry gab einen Seufzer von sich. Wenn er die Schokoladenwolken finden würde, könnte er die Aufmerksamkeit seiner Mutter gewinnen, Zuckerreich vor einem Lebensmittelnotstand retten und das Einkommen seiner Familie sichern.

Henry rannte mit Tiger im Arm zurück zur Villa. „Wir müssen packen", sagte er. »Es ist Zeit, die Monsterberge zu erkunden.«

Henry begann zu packen.

Kapitel Drei

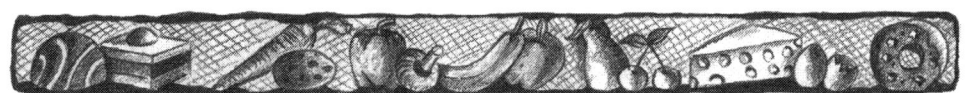

LEB WOHL ZUCKERREICH

Henry ging in sein Zimmer und begann zu packen. Er legte alle Sachen, die er für den Trip benötigte, auf den Tisch neben seinem Bett. Obwohl es Sommer war, wusste er nicht, wie kalt es in den Bergen werden würde. Schließlich packte er einen Pulli, einen Kompass, Streichhölzer, ein Fernglas und eine Laterne ein. Für den Fall, dass er auf dem Weg nichts zu essen finden würde, nahm er noch einige Tafeln Schokolade mit.

Dann riss er eine Seite aus einem Notizbuch und schrieb eine Nachricht darauf. Auch wenn er sich sicher war, dass es seiner Mutter egal war, wo er hinging, wollte er ihr doch eine Nachricht hinterlassen. Er schrieb:

ZUCKERREICH LEB WOHL!

Mutti, ich gehe mit Tiger in die Monsterberge. Ich glaube, dass die Schokoladenwolken dort sind. Mach dir keine Sorgen.
Ich werde sie zurückbringen.
Alles Liebe, Henry

Henry nahm seinen Rucksack und lief die Treppe hinunter. Tiger folgte ihm. Mit jedem Sprung, den der Kater machte, klatschte seine Wampe auf die Stufen.

»Mensch, du musst wirklich abnehmen«, sagte Henry und beobachtete, wie Tiger damit kämpfte, die Treppe runterzukommen. Dann schaute Henry an sich herunter. Er konnte seine Füße nicht sehen. Sein Bauch war im Weg.

»Das sagt der Richtige«, murmelte er zu sich selbst.

Endlich unten angekommen ging Henry zu dem Wandschrank hinter der Treppe. Als sein Vater noch am Leben war, hatte dieser dort immer die Campingausrüstung aufbewahrt. Aber seit seinem Tod blieb der Schrank geschlossen.

Als Henry die Tür öffnete, kam ihm eine Staubwolke entgegen. Er hustete und entfernte einige Spinnweben. In der hintersten Ecke des Schranks lagen das kleine Zelt, das er so oft auf Campingtrips mit seinem Vater benutzt hatte, und ein Schlafsack. Er holte sie heraus und befestigte sie am Rucksack. Dann versuchte er den Rucksack über die Schulter zu werfen.

»Oh je! Das hat ein Gewicht«, sagte er. »Das schaff' ich nicht.«

Henry holte eine Sackkarre aus dem Schrank. Er stellte den Rucksack darauf und zog die Sackkarre durch den Flur zur Eingangstür. Tiger rannte hinter ihm her und sprang mit Mühe auf die Ladung.

»Du faule Socke«, sagte Henry zu Tiger. »Wenigstens sind wir jetzt bereit, die Schokowolken zu finden.«

Er öffnete die Eingangstür und zog die Sackkarre an den Fabrikarbeitern, die vor der Lebkuchenvilla standen, vorbei. Henrys Mutter zeigte aufgeregt in den Himmel, während sie mit einem Polizisten sprach.

»Macht's gut«, sagte Henry laut. Er hoffte, dass ihn irgendjemand bemerken würde. Aber niemand drehte sich um oder sagte etwas. Und so wanderte Henry über die Felder in Richtung der Monsterberge.

Jedes Mal, wenn er einen Schokoladenhaufen auf dem Boden

sah, hielt Henry an und hievte Tiger vom Sackkarren, damit sein Kater daran schnüffeln konnte. Tiger nahm die Spur auf und lief ein paar Schritte in die Richtung, in die sie gehen mussten. Dann kletterte er wieder auf den Sackkarren und rollte sich zusammen.

»Ich wünschte, ich hätte so einen Geruchssinn wie du«, sagte Henry und streichelte Tigers orangenfarbiges Fell. Auch wenn er wusste, dass er seinem Kater nicht zu viel Futter geben dürfte, so war es jetzt an der Zeit, ihn zu belohnen. Er gab Tiger ein Gummibärchen.

Die beiden wanderten weiter. Alle zehn Minuten musste Henry sich setzen und ausruhen. Die 15 Kilo Übergewicht machten ihm jetzt wirklich zu schaffen.

Nach nur einer Stunde hatten sie die Lollifelder erreicht, die gerade mal zwei Kilometer von Schoko-Locoville entfernt waren. Und als sie in den Außenbezirken vom Zuckerreich ankamen, ging die Sonne langsam unter. Die Monsterberge waren noch in weiter Ferne. Henry begann an sich zu zweifeln. Hatte er die richtige Entscheidung getroffen? Er war einfach nicht in der Form, um stundenlang zu wandern. Als die Dämmerung hereinbrach und die Glühwürmchen ausschwärmten, wischte sich Henry den Schweiß von der Stirn und ließ sich ins Gras unter einen riesigen Baum fallen. Er hatte keine Kraft mehr, sein Zelt auszupacken, und so schlief er unter freiem Himmel ein.

In den folgenden drei Tagen erging es Henry nicht viel anders.

Jede Nacht schlief er unter einem Baum ein, weil er zu müde war, sein Zelt aufzubauen. Er hatte Glück, dass es in dieser Zeit kein einziges Mal regnete.

Am vierten Tag waren die Monsterberge in Sicht. Die Umgebung war viel grüner.

Offensichtlich hatte es hier viel geregnet. Henry genoss die unendliche Weite und die graswachsenen Hügel. Im Gegensatz zum staubigen Geruch der verbrannten Erde in Schoko-Locoville roch es hier nach Blumen und feuchtem Laub.

Henry gewöhnte sich langsam an das ständige Wandern und er musste nicht mehr alle zehn Minuten anhalten. Trotzdem taten seine Füße immer noch weh und er war ständig aus der Puste. Er ließ sich ins Gras fallen.

»Ich brauch' eine Pause«, keuchte er.

Tiger miaute und hüpfte vom Sackkarren.

»Du fauler Kater! Ich schlepp' dich überall rum und du schnüffelst nur.«

Henry tat alles weh. In Schoko-Locoville war er in seinem ganzen Leben noch nicht so viel gelaufen. Alles, was er benötigte, war in nächster Umgebung. Henry legte sich zurück und schaute in die Ferne. Die Monsterberge waren immer noch einige Kilometer entfernt. Er konnte jetzt erkennen, dass auf den Gipfeln Schnee lag. Würde er es dort hoch schaffen? Und wenn er es schaffen würde, käme er überhaupt durch den tiefen Schnee? Für solche Wetterbedingungen war er überhaupt nicht vorbereitet.

Henry öffnete seinen Rucksack und nahm zwei Schokoladenriegel heraus.

»Lass uns erst mal etwas essen«, sagte er und aß die zwei Schokoladenriegel. Dann gab er Tiger ein Gummibärchen. Tiger fraß es schnell auf und tollte dann herum. Er spielte mit einigen Ästen im Gras.

»Du scheinst ja noch genug Energie zu haben«, sagte Henry empört. »Von nun an wirst du nicht mehr auf dem Sackkarren sitzen. Ich kann darauf verzichten, deine Kilos auch noch rumzuschleppen. Davon habe ich nämlich selber genug.«

Er griff an sein Doppelkinn
und zog daran. »Siehst du!«
Henry stand auf und lief weiter. Jedes Mal,
wenn Tiger
versuchte, auf den Sackkarren zu klettern, schubste er
ihn
herunter. Auch wenn es Henry leidtat, so brauchte er
doch all seine Kraft für die Wanderung. Er musste mit seiner
Energie sparsam umgehen.

Sie marschierten immer weiter, auch wenn Henry eigentlich nicht mehr wollte. Er hatte Blasen an den Füßen und manchmal war ihm ganz schwindelig zumute. War es das wirklich wert? Er hätte einfach warten können, bis die Polizei die riesigen Schokoladenwolken wiedergefunden hätte. Aber Henry wusste, dass die Polizei die Monsterberge nie durchsuchen würde. Niemand konnte seiner Mutter helfen, außer ihm selbst.

Henry zog den Sackkarren weiter hinter sich her, bis sie einen steilen Hügel mit Pinien erreichten. Große Felsbrocken ragten hier aus dem Boden heraus.

»Muss das wirklich sein? Jetzt darf ich wohl alles schleppen«, sagte Henry. Er nahm seinen Rucksack vom Sackkarren und warf ihn sich über die Schulter. Seine Beine gaben kurz nach und er spürte einen kurzen Schmerz in seinen Knien.

»Ich glaub', es war keine gute Idee hierherzukommen«, sagte er und rieb sich seine Knie. »Wir hätten vorher für diesen Trip trainieren sollen.« Er sah Tiger an und zeigte auf dessen kugelrunden Bauch.

Der Kater maunzte nur kurz, als er einen weiteren Schokoladenhaufen auf den Felsbrocken fand. Dann lief er den Hügel hoch und verschwand zwischen den Pinien.

»Na gut«, rief Henry ihm hinterher. »Schokolade scheint dich anzutreiben. Heute Nacht bleiben wir hier und morgen klettern wir den Hügel hoch.« Henry baute das Zelt auf und kurze Zeit später tauchte Tiger wieder auf.

Am nächsten Morgen hatte sich Henry wieder erholt. Er hatte zehn Stunden geschlafen und war bereit weiterzuwandern. Er packte alles zusammen und setzte den Rucksack auf. Dann schaute er sich den Weg an. Der Aufstieg sah sehr anstrengend aus.

Eine Stunde später hatte Henry es jedoch geschafft. Er zog sich an einem großen Felsbrocken auf die Spitze hoch und schob ein paar Pinienäste zur Seite, um zu sehen, wo er war.

Vor ihm lag ein grünes Tal. Dahinter ragten die Monsterberge hoch in den Himmel hinauf. Ihre schneebedeckten Gipfel wirkten wie weiße Geister und die steilen Hänge sahen aus, als ob man sie nie erklimmen könnte.

Henry begann zu zittern. Was wäre, wenn seine Theorie nicht stimmte? Dann gäbe es echte Monster in diesen Bergen. Vielleicht würden sie ihn gefangen nehmen oder ihn sogar fressen. Ihm lief es eiskalt den Rücken herunter.

»Nein, nein, nein«, sagte Henry und schüttelte seinen Kopf. »Monster gibt es nicht.« Er versuchte sich selbst davon zu überzeugen, aber innerlich war er sich nicht so sicher. Vielleicht würde er von dieser Reise nicht lebendig zurückkommen.

Henry schaute zu den steilen Bergen.

Kapitel Vier

DIE MONSTERBERGE

Henry marschierte durch das grüne Tal auf die Monsterberge zu. Der Weg erschien ihm unendlich lang, aber die Bergkette war jetzt in Reichweite. Das Laufen fiel ihm nicht mehr so schwer nach so vielen Tagen, die er gewandert war. Aber sein Magen knurrte ständig, weil er weniger aß, als er es gewohnt war. Tiger folgte weiter der Fährte und schnupperte am Boden entlang, um die Schokoladenhaufen zu finden. Da Henry ihm nicht mehr Schokolade zu essen gab, verschlang Tiger jeden Schokoladenhaufen, den er entdeckte. Und so war er motivierter denn je.

»Ich glaube, wir sind bald da«, sagte Henry und zeigte auf einen riesigen Felsen hinter einem kleinen Tannenwald. Er schaute zu den steilen Bergen, die vor ihm am düsteren Himmel aufragten. »Komm Tiger, lass uns gehen.« Henry lief gespannt, aber auch zugleich nervös auf die Tannen zu. Sie hatten endlich die Monsterberge erreicht.

Gerade als er den ersten Schritt in den Wald machen wollte, donnerte es über ihm. Henry schaute nach oben und sah dunkelgraue Wolken. Für einen kurzen Moment stellte er sich vor, dass dies die Schokowolken wären. Seine Reise wäre dann zu Ende gewesen. Henrys Traum zerplatzte aber in dem Moment, als ihm die ersten Regentropfen ins Gesicht fielen.

»Planänderung. Wir übernachten hier«, sagte er. »Jetzt sollten wir schnell das Zelt aufbauen, bevor der Regen noch schlimmer wird.«

Er rannte in den Wald, warf seinen Rucksack unter einen Baum und schnallte das Zelt ab. Kurze Zeit später hatte er es aufgebaut, gerade als die Regentropfen langsam durch die Baumkrone sickerten. Henry packte Tiger, sprang in das Zelt und schloss die Klappe.

»Das reicht für heute«, sagte Henry und rollte seinen Schlafsack auf. Er war erschöpft und müde, auch wenn das Laufen mit jedem Tag einfacher wurde. »Morgen gehen wir in die Monsterberge. Ich hoffe nur, dass das, was die Leute sagen, nicht stimmt. Ich habe wirklich keine Lust, Monstern zu begegnen.«

Tiger rollte sich auf Henrys Brust zusammen. Henry schloss die Augen und erinnerte sich an die gruseligen Geschichten, die seine Mutter und Reese ihm erzählt hatten. Diese Erzählungen waren Märchen, die alle Kinder im Zuckerreich kannten. Jedes Kind glaubte, dass sie wahr wären. Nur Henry zweifelte daran. Aber jetzt, wo er hier am Fuße der Berge angekommen war, hatte er große Zweifel, dass diese Märchen Fantasiegebilde waren.

Henry lag noch lange Zeit wach, bis der Geruch der Tannen und der beruhigende Klang der Regentropfen, die auf das Zelt fielen, ihn müde werden ließen. Schließlich schlief er ein.

Ein Rascheln weckte Henry auf. Es war immer noch dunkel, aber das Zelt war von Lichtern umgeben. Es war, als ob Leute mit Fackeln das Zelt umzingelt hatten. Henry sah lange Schatten an den Zeltwänden. Sein Herz begann so laut wie eine Pauke zu schlagen. Er presste seine Hand auf den Mund, damit er keine Geräusche von sich geben würde. Mit der anderen Hand zog er Tiger näher an sich heran. Der Kater grunzte nur kurz.

Als der Schatten einer Kreatur an der Seite des Zeltes auftauchte, wollte Henry losschreien. Die Kreatur hatte einen Buckel und einen Kopf, der größer als ihr Körper war. Die riesigen Ohren standen weit vom Kopf ab.

Monster, dachte Henry und beobachtete, wie der Schatten um das Zelt schlich. Weitere Kreaturen tauchten auf und umzingelten das Zelt.

Was konnte Henry bloß tun? Sollte er vielleicht einen Blick aus dem Zelt wagen? Die Kreaturen würden aber dann wissen, dass jemand sie beobachtete. Vielleicht waren sie ja nur neugierig und würden ihn in Ruhe lassen.

Henry verkroch sich in einer Ecke des Zeltes, wo keine Schatten zu sehen waren.

Bitte geht weg, dachte er. *Ich werde auch ins Zuckerreich zurückgehen, wenn ihr mir nichts tut.*

Aber anstelle zu verschwinden, begannen die Kreaturen untereinander zu flüstern. Henry konnte nicht verstehen, was sie sagten. Es machte ihm aber Angst. Er zitterte am ganzen Körper und er spürte, wie Angstschweiß ihm die Stirn herunterlief.

Plötzlich ging ein Ruck durch das ganze Zelt und ein Rauschen ertönte. Henry schnappte kurz nach Luft, ließ Tiger los und

DIE SCHOKOLADENWOLKEN

berührte den Zeltboden. Er konnte spüren, dass sich die Erde unter ihm bewegte. Es fühlte sich an, als ob das Zelt mit der Erde in die Lüfte gehoben wurde. Wie eine Maus, die an ihrem Schwanz von einem Adler ergriffen und in die Lüfte gehoben wurde, schaukelte das Zelt hin und her. Henry hielt den Atem an, als das Rauschen so laut wurde, dass Tiger zu jaulen anfing. Henry nahm ihn in den Arm und drückte ihn fest an seine Brust.

»Alles wird gut«, flüsterte er Tiger besänftigend zu und versuchte sich damit auch selbst zu beruhigen.

Nachdem sie in die Luft gehoben waren, verstummten die Stimmen der Monster unter ihnen. Henry spürte, wie sich das Zelt horizontal zu bewegen begann. Jetzt wäre es vielleicht sicher, einen Blick nach draußen zu werfen. Henry näherte sich der Zeltklappe und öffnete vorsichtig eine Seite. Er steckte seinen Kopf durch die Öffnung und konnte erkennen, dass das Zelt in einem riesigen Netz hing.

»Wahnsinn«, sagte er und schaute nach unten. »Tiger, wir fliegen über die Monsterberge.«

Henry zitterte zwar vor Kälte, jedoch brachte ihn seine Neugierde dazu, die Klappe des Zeltes ganz zu öffnen. Er griff nach den dicken Seilen und lehnte sich heraus, um zu sehen, wer wohl das Netz festhielt. Aber er konnte durch das Gewirr von Seilen nichts erkennen. Das Einzige, was er sah, war das Licht des Mondes, das auf ihn herab schien. Die Regenwolken waren verschwunden.

Henry blickte in die Tiefe. Unter ihm zogen die schneebedeckten Bergspitzen vorbei. Von hier oben aus erschienen sie so winzig. Kurzzeitig bekam Henry Angst, dass er hinunterfallen könnte. Seine Hände und Füße fühlten sich taub an und er traute sich nicht weiter herauszuklettern. So zog er sich wieder ins Zelt zurück, schloss die Klappe und nahm Tiger in den Arm.

Der Kater zitterte genauso stark wie Henry. Ob es an der Kälte oder an seiner Angst lag, wusste Henry nicht, aber ihm war klar, dass sein eigenes Zittern definitiv nicht von der Kälte kam. Noch nie in seinem ganzen Leben hatte er so viel Angst gehabt.

»Wir müssen jetzt einfach abwarten«, flüsterte er. »Schau'n wir mal, was sie mit uns machen werden. Ich hoffe, dass uns nichts passiert.« Henry kuschelte sich in seinen Schlafsack und lauschte dem Rauschen des Windes, während die Zeit allmählich verging. Zwar war er müde, aber er versuchte wach zu bleiben. Falls etwas Unerwartetes passieren würde, wollte er bereit sein. Während er darüber nachdachte, was ihn da über die Monsterberge flog, nickte er gelegentlich ein. War es ein Ungeheuer oder vielleicht ein besonders schneller Heißluftballon? Wollten diese Kreaturen ihn fressen? Dutzende von Fragen wirbelten in seinem Kopf herum. Je später es wurde, desto weniger konnte er sich konzentrieren. Schließlich siegte die Erschöpfung über die Angst, und Henry sank in einen unruhigen Schlaf.

Tiger sprang auf Henrys Bauch.

Kapitel Fünf

DIE BLOCKHÜTTE

Ein Ruck weckte Henry auf. Es war, als ob etwas Hartes gegen den Boden des Zeltes geknallt wäre. Hatte er nur einen Albtraum?

Tiger sprang auf Henrys Bauch. Es fühlte sich an wie der Schlag eines Boxers in die Magengegend, als die fette Katze landete. Spätestens jetzt wusste Henry, dass er nicht träumte. Alles, was letzte Nacht passiert war, war wirklich geschehen.

Henry bemerkte, dass das Zelt nicht mehr hin und her schaukelte und das Rauschen aufgehört hatte. Es schien so, als hätten sie ihr Ziel erreicht.

Es war nun hell um Henry herum. Das Licht von draußen

beleuchtete jeden Winkel des Zeltes.

»Ich glaube, wir sind angekommen, wo auch immer das sein mag«, flüsterte Henry. »Komm her, Tiger.«

Er nahm seinen Kater hoch und stopfte ihn unter seinen Pullover. Tiger miaute.

»Sei still«, flüsterte Henry.

Er hörte Stimmen und Geräusche. Wahrscheinlich waren die Monster gerade nur dabei, das Netz zu entfernen. Einige Minuten herrschte reges Treiben, bis plötzlich völlige Stille eintrat. Angespannt lauschte Henry, um herauszufinden, ob draußen jemand nur darauf wartete, sich auf ihn zu stürzen. Henry blieb ganz still sitzen und versuchte zu hören, ob jemand außerhalb des Zeltes atmete. Aber außer dem Rauschen des Windes konnte er nichts hören.

Etwa eine Stunde saß Henry ganz still mit Tiger unter seinem Pullover im Zelt. Er wagte es nicht, sich zu bewegen. Da es aber draußen keine weiteren Geräusche gab, war Henry schließlich überzeugt, dass die Monster nicht mehr in der Nähe waren. Er krabbelte zum Zelteingang und öffnete den Reißverschluss ein paar Zentimeter. Dann warf er einen Blick nach draußen.

Er befand sich auf einer Wiese an einem See, der grün wie Jade schimmerte. Weit in der Ferne konnte Henry die Umrisse einer Stadt mit seltsam geformten Wolkenkratzern erkennen. Sie erschienen ihm höher als alles, was er je zuvor im Zuckerreich gesehen hatte. Aber sie waren zu weit weg, um Details erkennen zu können.

Henry öffnete den Reißverschluss des Zeltes etwas weiter. Niemand war in Sichtweite. Er steckte den Kopf heraus und schaute nach links und rechts. Am See schien alles friedlich und ruhig zu sein. Es gab keine Anzeichen von Monstern. Henry öffnete den Reißverschluss komplett, kroch hinaus und schaute nach unten. Das Zelt war tatsächlich auf einem großen Erdklumpen zu diesem Ort gebracht worden.

Henry stand auf und warf einen Blick hinter sich.

Er zuckte zusammen und ließ sich wieder auf die Knie fallen. Direkt hinter dem Zelt befand sich eine kleine Hütte. Henry spähte um die Ecke, um sicherzugehen, dass niemand ihn gesehen hatte.

Die Hütte war in einen Erdhügel gebaut, auf dem überall Gras und Büsche wuchsen. Sie war niedriger als ein durchschnittlicher Erwachsener. Henry hätte gerade noch aufrecht durch die Tür gehen können, aber ein Erwachsener hätte in die Hocke gehen müssen. Die Fenster zu beiden Seiten der Tür hatten kleine geschnitzte Fensterläden, als ob sie für Zwerge gemacht wären.

»Schau mal, Tiger! Das sieht aber nicht aus wie die Hütte eines Monsters. Es sieht eher niedlich aus«, sagte Henry.

Der Kater blickte vorsichtig hinter dem Zelt hervor.

Henry ging zu der Hütte hinüber und kniete sich vor eines der Fenster. Er schaute hinein. Es war dunkel und die Vorhänge versperrten ihm die Sicht. Er stand wieder auf, ging zum Eingang und legte sein Ohr an die Tür.

Vielleicht würde er drinnen etwas hören. Er lauschte aufmerksam, aber nicht ein einziges Geräusch kam aus der Hütte.

Henry klopfte an die Tür und eilte zurück zum Zelt, um in sicherer Entfernung von dem zu sein, was auch immer herauskommen könnte. Aber niemand öffnete die Tür.

»Ich glaube, niemand ist zu Hause«, sagte Henry nach einer Weile.

Vorsichtig näherte er sich wieder der Tür. Tiger schlich ihm hinterher und beschnupperte die Schwelle der Tür.

»Ich probier' es mal, sie zu öffnen«, sagte Henry und drehte den Knauf.

Die Tür öffnete sich problemlos. Ein köstlicher Geruch kam ihm entgegen. Es war so, als ob jemand gerade etwas Leckeres kochen würde. Henry konnte dem angenehmen Duft nicht widerstehen und trat ein.

Von Innen war die Hütte wie eine Puppenstube. Die Stühle, die an einem Esstisch standen, waren wie für Kinder gemacht. Die einzige Couch an einer gemütlichen Feuerstelle bot kaum genug Platz für einen Erwachsenen. Aber sonst sah alles aus wie in einer gewöhnlichen Blockhütte, nur dass alles ein paar Größen kleiner war.

Henry ging zu dem Tisch hinüber. In einer hölzernen Schale lagen allerlei seltsam aussehende Lebensmittel. Sie erinnerten ihn an die Speisen, die in der *Mythologie von Schlemmerland* erwähnt waren.

»Das könnte eine Zucchini sein«, murmelte Henry vor sich hin und griff nach einem der langen grünen Dinger in der Schale. Er kratzte mit dem Fingernagel daran und entfernte etwas von dem Grün. Henry konnte aber keinen besonderen Geruch wahrnehmen. Offensichtlich war es nicht dieses Gemüse, das gerade gekocht wurde. Der Duft, der Henry ins Haus gelockt hatte, roch anders.

Er kam von einer geschlossenen Tür auf der gegenüberliegenden Seite des Zimmers. Henry folgte dem Duft. Er legte sein Ohr an die Tür und lauschte. Klirrende Geräusche kamen aus dem Raum dahinter. Es war, als würde jemand in einer Küche arbeiten. Eine weibliche Stimme begann eine Melodie zu summen. Sie klang fröhlich und freundlich.

Henry klopfte. Die Geräusche verstummten. Henry klopfte erneut und trat ein paar Schritte zurück, wobei er fast über Tiger stolperte, der ihm ins Innere der Hütte gefolgt war.

Zentimeter für Zentimeter öffnete sich die Tür, aber niemand kam heraus. Henry hielt den Atem an. Würde er einem Monster begegnen? Sein Herz schlug so schnell, als würde es ihm gleich aus der Brust springen.

»Entschuldigung, ist da jemand?«, fragte er. Mit zitternder

Stimme flüsterte er: „Mein Zelt ist vor ihrem Haus gelandet. Ich komme in Frieden." Schritt für Schritt bewegte er sich rückwärts zur Eingangstür. Er war bereit loszurennen, falls ein Ungeheuer herausstürzen würde.

Plötzlich flog die Tür mit einem Knall weit auf. Henry erstarrte, als er sah, was sich vor ihm befand.

Die Kreatur sah aus wie eine riesige Karotte.

Kapitel Sechs

KAROTTINA

Tiger fauchte und lief zurück zur Eingangstür der Hütte. Es dauerte ein paar Sekunden, bis Henry aus seiner Starre wieder erwachte. Er traute seinen Augen nicht. Vor ihm stand eine Kreatur, die er noch nie zuvor gesehen hatte. Sie erinnerte ihn an ein Gemüse, über das er in der *Mythologie von Schlemmerland* gelesen hatte. Die Kreatur sah aus wie eine riesige Karotte mit Füßen und Händen. Die grünen Blätter auf der Oberseite waren ordentlich zu einer Seite gekämmt und mit einem Band zusammengezogen. Darunter waren zwei große Augen, eine Nase und ein Mund.

»Hallo«, sagte die Karotte mit einer hohen Stimme. »Bist du der, den wir aus den Bergen gerettet haben?«

»Gerettet?«, fragte Henry empört. »Ich wurde gekidnappt.«

Die Karotte schüttelte ihre grünen Blätter und lächelte. »Die Herrschaften haben dich in den Bergen gefunden und dich da rausgeholt, bevor das Unwetter aufzog. In den Bergen gibt es nämlich viele gefährliche Stürme. Einer davon war auf dem Weg dorthin, wo du gecampt hast.«

Die Karotte kam näher. Henry beobachtete mit Staunen, wie die dünnen Beine der Karotte den langen Körper trugen.

»Unsere Herrschaften haben dir das Leben gerettet«, sagte die Karotte. »Übrigens, ich bin Karottina. Ich arbeite hier.« Sie streckte ihr dünnes Händchen aus.

Henry machte einen Schritt nach vorne und schüttelte es. Es fühlte sich kalt an, so als ob er einen feuchten Ast berühren würde.

»Wo sind wir hier?«, fragte Henry. »Ich habe keine Ahnung, wo deine Herrschaften mich hingebracht haben.«

»Das ist Veggington«, sagte Karottina. »Wir leben direkt am Fuße der Monsterberge.«

»Veggington? Ich habe über diese Stadt gelesen«, sagte Henry erstaunt. »Sie wurde als eines der Königreiche von Schlemmerland in meinem Buch im Zuckerreich erwähnt.«

»Zuckerreich? Wirklich?«, fragte Karottina. »Die Legenden sind also wahr. Es gibt also wirklich ein Land, das weiß, wie man Süßigkeiten herstellt.«

Henry nickte. Er war überrascht, dass seine Heimat hier als

Legende angesehen wurde. »Habt ihr keine Süßigkeiten in Veggington?«

»Nein, wir produzieren nur Gemüse und Getreide, und das können wir wegen des guten Klimas das ganze Jahr über machen«, sagte Karottina. »Willst du mal einige Gemüsearten probieren?« Sie zeigte auf die geöffnete Tür zur Küche.

Der leckere Duft breitete sich jetzt im ganzen Wohnzimmer aus. Henry blickte in die Küche und sah Dutzende von Töpfen auf den Herdplatten. Dampf stieg aus ihnen auf und vermischte sich in der Luft zu einem köstlichen Geruch.

»Komm rein«, sagte Karottina. Sie ging zurück in die Küche, öffnete einen der Töpfe und rührte die Suppe darin um. Der Duft, der Henry ins Innere der Hütte gelockt hatte, verstärkte sich.

»Willst du Kürbis- oder Brokkolisuppe?«, fragte Karottina.

»Ich hätte gerne diese da«, Henry zeigte auf den Topf, den Karottina gerade geöffnet hatte.

»Ich wusste, dass du Kürbissuppe bevorzugen würdest. Sie ist süßer, und du bist ja schließlich aus dem Zuckerreich.« Sie lächelte, nahm die Kelle, schüttete etwas Kürbissuppe in eine Schüssel und reichte sie Henry. »Setz dich doch.« Sie zeigte auf einen Stuhl neben dem Küchentisch.

Henry setzte sich. Wenn er nicht so hungrig gewesen wäre, hätte er den Rest des Tages nur noch an dieser Suppe schnuppern können. Da sich aber der Schokoladenvorrat in seinem Rucksack dem Ende zuneigte, war er dankbar, dass Karottina ihm etwas Neues zum Probieren gab.

Er tauchte seinen Löffel in die Schüssel und führte ihn an seine Lippen. Die Suppe breitete sich in jedem Winkel seines Mundes aus. So etwas Köstliches hatte er schon lange nicht mehr gegessen. Sie war süß, aber nicht zu süß. Er schluckte sie hinunter und ein warmes Gefühl breitete sich in seinem Magen aus. Es schmeckte besser als jede Süßigkeit, die er zuvor gegessen hatte.

»Das ist der Hammer«, sagte Henry. »Ich hätte nie gedacht, dass Gemüse so gut schmecken kann.«

»Und davon gibt es Hunderte von Sorten, die wir auf viele verschiedene Arten zubereiten«, sagte Karottina.

»Die muss ich alle probieren«, sagte Henry und fügte hinzu: »Macht denn Kürbissuppe auch so dick wie Schokolade?«

»Ich habe keine Ahnung, was Schokolade ist«, sagte Karottina.

Henry holte ein Stück aus seiner Tasche und reichte es Karottina. Sie steckte es in den Mund, kaute darauf herum und sagte mit verzerrtem Gesicht: »So etwas Süßes bin ich überhaupt nicht gewohnt. Wir haben nur ein paar Pflanzen, die einen süßen Geschmack erzeugen.«

»Wenigstens wirst du nicht so dick wie wir«, Henry deutete auf seinen Bauch. »Sicher sind alle hier so dünn wie du. Macht Gemüse überhaupt dick?«

»Eigentlich nicht«, sagte Karottina, »es sei denn, man isst dreißig Schüsseln Kürbissuppe.« Sie lachte.

Henry probierte noch ein paar Gerichte, während Karottina ihm zeigte, welche Speisen man aus ihnen machen konnte. Sie war eine ausgezeichnete Köchin und wollte Henry unbedingt beibringen, wie er all das für ihn unbekannte Gemüse zubereiten konnte. Henry probierte Kartoffeln, Gurken und Tomatensalat. Bis zum Abend hatte er sogar gelernt, wie man Zucchini und Auberginen backt. Henry war zum ersten Mal, seitdem er das Zuckerreich verlassen hatte, satt. Aber er fühlte sich nicht so vollgestopft und übel, wie wenn er sich den Bauch mit Süßigkeiten vollschlug.

»Es wird ja schon dunkel«, sagte Karottina und schaute nervös aus dem Fenster. »Ich gehe besser nach Hause, bevor die Herrschaften zurückkommen.«

»Warum denn?«, fragte Henry. »Stimmt etwas nicht mit ihnen?«

Karottina drehte angespannt ihre Daumen. »Die Herrschaften

können ein bisschen schwierig sein.«

»Was meinst du damit?«, fragte Henry.

»Nun ja, die Herrschaften sind anders als ich«, sagte Karottina und trat nervös von einem Fuß auf den anderen. »Sie können–«

»Was?« Henry drängte weiter. »Lass es raus!«

»Gefährlich sein«, platzte Karottina hervor. Sie bedeckte ihr Gesicht mit ihren Händen. »Das hätt' ich nicht sagen sollen.«

»Sind die Herrschaften die Monster aus den Monsterbergen?«, fragte Henry.

»Ich glaube nicht, dass sie für dich gefährlich sind - nur für mich«, sagte Karottina. »Sie essen halt sehr gerne Karotten. Wenn ich ihnen nicht genug Karotten bringe, beißen sie vielleicht ein Stück von mir ab.«

»Das sind keine Monster«, sagte Henry schockiert. »Das sind Barbaren.«

»Eigentlich nicht«, sagte Karottina. »Sie sind sehr gebildet und höflich, solange sie nicht hungrig sind. Deshalb bereite ich immer sehr viele Speisen vor.«

»Warum haust du nicht einfach ab?«, fragte Henry.

»Sie haben mich aber doch erschaffen«, sagte Karottina. »Hunderte von Jahren haben sie gebraucht, um Wesen wie mich aus normalen Karotten zu züchten. Wir sehen zwar aus wie Karotten und schmecken auch so, aber der Rest ist ganz anders.« Sie zeigte auf eine der Karotten auf dem Küchentisch. »Und jetzt helfen wir den Herrschaften so gut wir können, weil wir ihnen zu

Dank verpflichtet sind.«

»Also gibt es noch mehr von deiner Art?«, fragte Henry.

»Ja, aber das Experiment funktionierte nur mit Karotten und Brokkoli«, sagte Karottina. »Die Herrschaften haben es mit Zucchini probiert, aber das ist fehlgeschlagen. Deshalb wurde die Forschung aufgegeben.«

»Das ist alles unglaublich«, sagte Henry. »Ich brauch' eine Minute, um das alles zu verdauen.«

Henry ging zur Küchentür, öffnete sie und ging zurück ins Wohnzimmer. Er setzte sich auf die Couch. Langsam ergab alles einen Sinn. Die Herrschaften waren die Erbauer von Veggington. Wenn die *Mythologie von Schlemmerland* stimmte, dann müssten sie zusammen mit den beiden anderen Königreichen Krieg gegen das Zuckerreich geführt haben. Vielleicht hatten Karottinas Herrschaften die Schokoladenwolken gestohlen.

Ein Schrei hallte plötzlich durch die Hütte und riss Henry aus seinen Gedanken. Er schaute zur Küche hinüber. Karottina rannte panisch mit der Hand über ihren Mund gepresst durch das Wohnzimmer.

»Was ist denn jetzt los?«, fragte Henry.

»Sie sind schon zurück«, sagte Karottina. »Wir haben zu lange geplaudert. Jetzt ist es zu spät. Ich muss mich verstecken.« Sie sprang in einen Schrank und knallte die Tür hinter sich zu.

Henry hörte Stimmen, und bevor er sich verstecken konnte, wurde die Eingangstür aufgerissen.

»Trolle!«, brüllte Henry.

Kapitel Sieben

DAS VIERTE KÖNIGREICH

Henry zuckte zusammen und Tiger versteckte sich hinter der Couch. Zwei seltsam aussehende Gestalten mit langen Ohren standen in der Eingangstür. Sie waren nicht größer als Kinder, aber ihre faltige Haut ließ sie sehr alt aussehen.

Eine der beiden Kreaturen war etwas größer. Sie hatte spitze Ohren und eine Nase, die wie eine Blumenzwiebel aussah. Die andere Kreatur sah etwas mager aus. Ihre Ohren waren nicht spitz, sondern hingen an den Seiten ihres Kopfes herunter wie die eines Cockerspaniels.

»Trolle!«, brüllte Henry. Er sprang auf und packte einen Stuhl an den Beinen. Er hatte bereits viele Geschichten über Trolle gelesen, aber er hätte nie gedacht, dass sie wirklich existieren würden. Das Einzige, was er mit Sicherheit über sie sagen konnte, war, dass sie gefährlich waren. Er hob den Stuhl in die Luft und streckte ihn bedrohlich nach vorne. »Bewegt euch keinen Schritt weiter!«

Überraschenderweise begannen die beiden Trolle zu schreien. Sie drehten sich panisch um und rannten aus der Hütte.

»Das war jetzt nicht das, was ich erwartet hatte«, sagte Henry und stellte den Stuhl ab. Er griff nach Tiger und hob ihn hoch. »Ich dachte, Trolle seien gefährlich. Diese hatten aber wohl mehr Angst vor mir als umgekehrt.«

Henry ging zur Eingangstür und spähte hinaus. Die Trolle schauten zitternd hinter dem Zelt hervor.

»Es tut mir leid«, sagte Henry. »Ich wollte euch nicht erschrecken. Ich dachte, ihr wolltet mich angreifen. Seid ihr denn keine Trolle? Trolle sollen nämlich gefährlich sein.«

Die beiden Trolle schüttelten den Kopf. Der Troll mit den

spitzen Ohren kam hinter dem Zelt hervor und sagte mit einer tiefen Stimme: »Unsere Vorfahren waren mal gefährlich, aber wir sind es nicht mehr.«

»Ganz genau«, sagte der andere Troll mit einer weiblichen Stimme. »Unsere Vorfahren töteten alles, was ihnen in die Quere kam. Laut dem *Buch der Legenden* waren wir dafür bekannt, streitlustig und wild zu sein. Aber dann wurden wir Vegetarier.«

»*Buch der Legenden?*«, fragte Henry. »Wir haben ein ähnliches Buch über unsere Geschichte im Zuckerreich.«

Die beiden Trolle heulten kurz auf, als ob sie Schmerzen hätten, und sprangen wieder hinter das Zelt.

»Nein, bitte habt doch keine Angst«, sagte Henry, während er Tiger wieder absetzte. »Wovor habt ihr Angst?«

»Wenn du aus dem Zuckerreich kommst, bist du ein Mensch«, sagte der weibliche Troll. »Menschen sind gefährlich.«

»Ich bin nicht gefährlich«, sagte Henry und lächelte. »Warum glaubst du das?«

»Im *Buch der Legenden* steht, dass es vier Königreiche gab. Eines davon war Zuckerreich«, sagte der männliche Troll. »Die Menschen begannen einen Krieg gegen die anderen drei Königreiche und töteten viele von uns. Am Ende haben sie die gigantischen Schokoladenwolken gestohlen und sie hinter den Bergen versteckt.«

»Wirklich?«, fragte Henry völlig überrascht.

Er konnte sich nicht vorstellen, dass seine Vorfahren so grausam gewesen waren und getötet hatten. Konnte es sein, dass die Menschen die Schokoladenwolken zuerst gestohlen hatten? Henry war sich nicht sicher, ob er das glauben konnte. Offensichtlich aber hatten die Trolle ein Buch, das ihnen solch eine Geschichte erzählte, genauso wie die *Mythologie von Schlemmerland* versuchte die Vergangenheit aus der Zuckerreichperspektive zu erklären.

Was Henry aber am meisten überraschte, war, dass Trolle Veggington regierten und nicht Menschen. Er hatte immer geglaubt, dass die vier Familien der Königreiche Menschen waren. Aber vielleicht wurden ja auch die anderen beiden Königreiche von Trollen regiert.

»Die Menschen haben sich verändert«, sagte Henry. »Das alles war vor Hunderten von Jahren. Wir sind jetzt sehr friedlich, genau wie ihr.« Er durchsuchte seine Taschen und fand ein paar Schokoladenbonbons. Er legte sie auf seine Handfläche, als ob er einen Hund füttern wollte, und hielt sie den Trollen hin. »Hier! Probiert mal! Wir produzieren Süßigkeiten im Zuckerreich. Das könnte euch schmecken.«

Die Trolle flüsterten untereinander. Sie erschienen zögerlich und schauten Henry skeptisch mit ihren stechenden grünen Augen an.

In diesem Moment schoss Karottina wie ein Pfeil aus der Hütte. Sie hatte einen panischen Gesichtsausdruck, als sie die Arme in die Luft warf und schrie: »Sie sind gefährlich! Sei vorsichtig, Henry!« Dann stürmte sie aus der Hütte und verschwand in der Ferne.

DIE SCHOKOLADENWOLKEN

»Was für ein komischer Kauz«, sagte der weibliche Troll, als sie sich Henry näherte. »Sie tut immer so, als wollten wir sie fressen. Würdest du deine Angestellten auffressen?« Sie lachte.

Henry dachte an Reese, das Dienstmädchen im Zuckerreich. Er schluckte ein paar Mal, als er sich vorstellte, dass er sie essen müsste. »Igitt, das ist ja widerlich.«

»Siehst du! Sag ich doch«, antwortete der weibliche Troll. Sie kam ein paar Schritte näher, nahm ein Schokoladenbonbon aus Henrys Handfläche und schluckte es. »Das ist ja köstlich«, sagte sie. »So etwas haben wir hier in Veggington nicht. Ab und zu können wir etwas Ähnliches kaufen, aber das ist nicht wirklich legal.«

Der männliche Troll nahm das andere Schokobonbon und aß es. Er nickte und sagte: »Manchmal bekommen wir Früchte aus Obstopolis, aber die sind nicht so süß wie dieses Ding.« Er zeigte auf seinen Mund und lächelte.

»Obstopolis gibt es auch?«, fragte Henry. Er war außer sich vor Freude, denn er wusste jetzt, dass die *Mythologie von Schlemmerland* nicht nur eine Sammlung von

Fantasiegeschichten war, sondern Wahrheiten beinhaltete. Er lächelte den Troll an.

Doch in diesem Moment wurde ihm etwas Schreckliches klar. Wenn es wirklich Veggington und Obstopolis gab, dann gab es auch die Knochenbrecherinsel. Dieser Ort hatte ihm immer Angst eingejagt, denn er hatte gelesen, dass die Bewohner Fleischfresser waren.

»Natürlich gibt es Obstopolis«, sagte der weibliche Troll. »Aber es ist sehr schwierig, dorthin zu gelangen. Es befindet sich hinter einem riesigen Wald, aus dem fast niemand lebend herauskommt. Nur ab und zu schafft es jemand und bringt ein paar Früchte mit.«

Der weibliche Troll streckte Henry die Hand entgegen. »Übrigens, ich habe mich noch nicht vorgestellt. Mein Name ist Gerthy.« Sie deutete auf den männlichen Troll und fügte hinzu: »Und das ist Tom.«

»Ich bin Henry«, sagte er. »Es freut mich, euch kennenzulernen!« Henry schüttelte die Hände der Trolle etwas widerwillig, da sie mit Warzen bedeckt waren und nicht sehr einladend aussahen.

»Warum kommst du nicht mit in unser Haus und isst mit uns zu Abend?«, sagte Gerthy. »Karottina hat bestimmt wieder eine Menge Essen gekocht.«

Henry nickte und erinnerte sich an die vielen Töpfe, die Karottina in der Küche vorbereitet hatte. Er folgte den beiden

Trollen zurück in die Hütte und setzte sich an den Tisch.

Das Abendessen war ein wahrer Genuss. Gerthy und Tom entpuppten sich als lustig und unterhaltsam. Sie machten dauernd Witze und stellten Henry alle möglichen Gemüsesorten vor, die Karottina zuvor noch nicht erwähnt hatte. Henry erzählte den Trollen von seiner Reise und den gestohlenen Schokoladenwolken. Gerthy versicherte ihm sofort, dass die Wolken nicht in Veggington waren und dass die Trolle sie nicht gestohlen hatten.

Henry lernte auch eine Menge neuer Dinge über die Geschichte Schlemmerlands. Er fand heraus, dass nach dem Krieg mit dem Zuckerreich, Veggington und Obstopolis einige Zeit zusammenarbeiteten. Im Laufe der Jahrhunderte aber trennten sich die Wege und die beiden Königreiche bauten ihre eigene Welt auf.

»Und was geschah mit der Knochenbrecherinsel?«, fragte Henry.

Die Trolle erstarrten und blickten Henry an. Ihr Lächeln verschwand.

»Kannibalen!«, sagte Gerthy nach einem Moment des Schweigens. »Aber wir sollten besser nicht darüber reden.« Sie sprang von ihrem Stuhl auf und nahm Henrys Teller. »Willst du noch etwas Suppe?«

Henry nickte. An ihrem Gesichtsausdruck erkannte er, dass es besser war, nicht mehr über die Insel zu sprechen. Offensichtlich rief sie keine guten Gefühle hervor, und Henry wollte die Trolle nicht verärgern.

Den Rest des Abends sprachen sie über verschiedene Gemüsesorten, aber Henry konnte nicht aufhören, an die Knochenbrecherinsel zu denken.

Kurz vor Mitternacht brachte Gerthy Henry in ein Gästezimmer, wo ein bequemes Bett mit dicken bunten Steppdecken auf ihn wartete.

»Schlaf gut«, sagte Gerthy und schloss die Tür hinter sich.

Obwohl Henry ziemlich müde war, konnte er nicht sofort einschlafen. Er dachte immer noch an die Knochenbrecherinsel. Er hatte den Namen des Ortes nie gemocht, aber jetzt wusste er, dass er mit seinen Gefühlen nicht falschlag. Es war ein gefährlicher Ort, an dem Kannibalen lebten. Niemals würde er dort hinreisen wollen. Aber was wäre, wenn die Kannibalen die Schokoladenwolken gestohlen hatten? Dann müsste er schließlich doch diese unheimliche Knochenbrecherinsel suchen.

»An dieses Essen könnte ich mich gewöhnen«, sagte Henry.

Kapitel Acht

HENRY VERLÄSST DIE TROLLE

Am nächsten Morgen fand Henry Karottina wieder bei der Arbeit in der Küche. Sie hatte bereits eine Menge Speisen zubereitet und den Tisch für das Frühstück gedeckt.

»An dieses Essen könnte ich mich gewöhnen«, sagte Henry.

Er setzte sich, schenkte sich etwas Karottensaft ein und nahm ein paar Kirschtomaten in die Hand. Er steckte sie sich in den Mund und kaute. Sie schmeckten so frisch im Vergleich zu den Gummibärchen, die er sonst zum Frühstück aß.

»Guten Morgen, Henry«, sagte Karottina, als sie aus der Küche kam. »Wie ich sehe, haben dich die Trolle noch nicht gefressen.«

»Sie sind ja auch nicht gefährlich«, sagte Henry. »Und sie werden dich auch nicht fressen, Karottina. Du musst dir da keine Sorgen machen.«

»Da bin ich mir nicht so sicher«, sagte Karottina. »Ich bin lieber weg, wenn sie zurückkommen.«

»Wie du meinst«, sagte Henry.

Karottina nickte. »Ich habe heute Morgen dein Zelt abgebaut. Es steht da drüben in der Ecke.« Sie zeigte in Richtung Küche. »Und die Herrschaften haben mir eine Nachricht hinterlassen, dass du für eine Weile bei uns bleiben wirst. Stimmt das?«

»Nur so lange, bis ich die Spur wieder aufgenommen habe, die mich zu den Schokoladenwolken führt«, antwortete Henry.

Karottina ging zurück in die Küche.

»Als die Trolle mich über die Berge geflogen haben, habe ich die Spur verloren«, rief Henry. Er dachte zurück an den Flug und wie viel Angst er gehabt hatte. »Außerdem, was ich schon die ganze Zeit fragen wollte: Was hat mich da über die Berge getragen? Ich konnte in der Nacht nicht erkennen, was es war.«

Karottina kam mit einem Krug in der

Hand aus der Küche zurück. »Es war ein Drache«, sagte sie und schenkte Henry einen Rote-Beete-Saft ein. »Er ist uralt, aber er hilft den Trollen immer noch, wo immer er kann.«

»Ein echter Drache?«, fragte Henry.

»Aber klar«, antwortete Karottina. »Im *Buch der Legenden* steht, dass die Trolle einst ein Drachenei von der Knochenbrecherinsel gestohlen haben. Sie haben es in Veggington ausgebrütet.« Karottina setzte sich neben Henry. »Zu der Zeit wurden Drachen nur auf der Knochenbrecherinsel gezüchtet. Als die Bewohner herausfanden, dass die Trolle ein Drachenei gestohlen hatten, forderten sie es zurück. Aber die Trolle waren zu dieser Zeit sehr kriegerisch und es brach nach dem Krieg mit dem Zuckerreich ein zweiter Krieg aus. Und so wurden Veggington und die Knochenbrecherinsel Feinde.«

»Und was war mit Obstopolis?«, fragte Henry.

»Obstopolis war in der Mitte gefangen und die Bewohner wussten nicht, was sie tun sollten«, erklärte Karottina. »Und so haben sie sich komplett isoliert und sich von beiden Königreichen ferngehalten. Darum ist es auch heute so schwer, nach Obstopolis zu gelangen. Die Bewohner haben dafür gesorgt, dass keiner sie so leicht findet.«

»Das ist alles sehr spannend. Ich glaube, es ist aber jetzt an der Zeit, dass ich die Schokoladenspur suchen gehe«, sagte Henry. Er ging zu Tiger, der gerade eine Suppe aus einer Schüssel schlürfte. »Wie ich sehe, hast du dich schnell an das neue Essen gewöhnt«, sagte Henry.

»Ich bin für heute mit dem Kochen fertig«, sagte Karottina. »Soll ich dir helfen, die Spur zu finden?«

»Das wäre klasse«, sagte Henry. Er ging zur Eingangstür. »Zwei Paar Augen sehen mehr als nur ein Paar und Karotten sind sowieso gut für die Sehkraft.«

»Wir fangen am Fenchelsee an.« Karottina zeigte auf den See, der vor der Hütte lag. »Und dann können wir uns bis nach Veggington vorarbeiten.«

»Ich dachte, wir sind hier in Veggington«, sagte Henry.

»Wir sind nur am Rande der Stadt. Das Stadtzentrum ist da drüben«, sagte Karottina und zeigte auf die Wolkenkratzer in der Ferne.

»In einem Tag schaffen wir das nicht dorthin«, sagte Henry. »Das ist ziemlich weit weg.«

Er dachte an den Fußmarsch, den er wieder machen müsste. Der Tag zuvor war so entspannend gewesen, und Henry hatte keine Lust, sich wieder zu bewegen. Aber er hatte keine andere Wahl, und so machten sie sich auf den Weg zu den Feldern.

Den ganzen Tag durchsuchten Henry und Karottina die Anbauflächen. Es war anstrengend, aber dadurch, dass sie sich unterhielten, verging die Zeit wie im Fluge. Erst am Abend merkte Henry, wie sehr seine Beine ihm wehtaten. Aber trotz aller Schmerzen fühlte er sich voller Energie. Es schien, als ob die neue Nahrung, die er zu sich nahm, ihm mehr Kraft gab.

Als die Sonne langsam unterging, hatten sie noch nicht einmal einen Bruchteil des gesamten Gebiets durchsucht, geschweige denn die Innenstadt erreicht. Henry wusste, dass er am nächsten Tag wiederkommen müsste. Wenn er nichts fand, würde er weitersuchen, bis er die Spur entdeckte.

Und so zog die Zeit vorbei und die Monate gingen vorüber. Henry wusste, dass im Zuckerreich inzwischen die Blätter von den Bäumen fielen. Die schwüle Hitze wäre vorbei, aber in Veggington war alles anders. Hier gab es ewigen Frühling.

Jeden Morgen trank Henry seinen Rote-Beete-Saft, aß eine Schüssel Suppe, ein Stück Toast mit Avocado und ein paar Tomaten und abends gab es immer ein großes Essen mit den Trollen. Tagsüber gab es nur ein paar Sandwiches in den Feldern, während er mit Karottina die Schokoladenspur suchte. Schnell freundete sich Henry mit Karottina und den Trollen an, auch wenn es ihm nicht gelang, alle an einen Tisch zu bringen.

Und so verging jeder Tag auf die gleiche Weise, bis sie alle Felder abgesucht hatten, leider ohne Erfolg.

»Es wird Zeit, dass wir die Stadt durchsuchen«, sagte Karottina, als sie eines Abends von den Feldern zurückkehrten und sich erschöpft auf das Sofa schmissen. »Offensichtlich sind die Schokoladenwolken hier nicht vorbeigekommen.«

Henry ließ sich in einen Sessel plumpsen. »Du hast recht. Wir müssen woanders suchen. Aber nicht mehr heute.«

»Bist du müde?«, fragte Karottina.

»Eigentlich nicht«, sagte Henry. Er war selbst überrascht und wusste, dass das nicht normal war. Sie waren mindestens zehn Stunden gelaufen und hatten nur wenige Pausen gemacht. Als er Schoko-Locoville verlassen hatte, konnte er kaum zehn Minuten ohne Pause laufen.

Henry lachte. »Ich glaube, ich habe hier in Veggington etwas Bewegung bekommen. Aber ich hatte es ja auch wirklich nötig, so fett wie ich bin.« Er wollte seine Speckrollen an der Taille packen und daran wackeln, wie er es früher getan hatte. Aber er musste diesmal tief in sein Fleisch greifen, um so viel Speck wie früher zu packen. Überrascht sprang er vom Liegestuhl auf und schaute an sich herab. »Schau dir das mal an!«, sagte er. »Ich habe ja wirklich etwas abgenommen.«

Karottina nickte und lächelte. »Meine Kochkünste tun dir gut.«

Henry schaute auf seine Füße. Sein Bauch versperrte ihm immer noch die Sicht, aber er konnte seine Zehenspitzen erkennen. Noch nie hatte er das erlebt.

»Wahnsinn!«, rief er laut. »Gemüse und Bewegung sind die Lösung des Problems.«

»Warum nimmst du dann nicht einfach ein paar Gemüsesamen mit ins Zuckerreich und pflanzt sie ein?«

»Glaubst du etwa, ich bin noch nicht auf diese Idee gekommen?«, fragte Henry. »Ich sammle schon seit einiger Zeit

Samen.« Er zeigte auf seinen Rucksack in der Ecke. »Ich werde sie meiner Mutter bringen, aber erst muss ich die Schokoladenwolken finden.«

»Warum suchen wir eigentlich noch nach den Wolken, wenn du bereits eine alternative Nahrungsquelle für das Zuckerreich gefunden hast?«, fragte Karottina.

»Ich bin mir nicht sicher, ob man im Zuckerreich auch Gemüse mag«, sagte Henry. »Es wird sich vielleicht nicht gut verkaufen, weil es nicht süß genug ist. Die Bewohner vom Zuckerreich mögen halt Zucker.« Henry grinste. »Und ehrlich gesagt habe ich auch nichts gegen etwas Süßes wie Schokolade ab und zu.«

»Dann solltest du wirklich Obstopolis suchen«, sagte Karottina. »Früchte sind richtig süß und die Bewohner von Zuckerreich würden das Obst lieben.«

»Wo finde ich denn Obstopolis?«, fragte Henry.

»Wir müssen erst einmal in die Innenstadt von Veggington«, sagte Karottina. »Obstopolis liegt jenseits der Stadt.«

Henry war gespannt darauf, die Großstadt zu besuchen. Er hatte viele Monate mit Karottina und den Trollen verbracht. Jetzt war es an der Zeit, weiterzuziehen.

Henry packte seinen Rucksack und machte sich mit Karottina und Tiger auf den Weg in die Felder. Er hatte zuvor mit den Trollen gesprochen und dafür gesorgt, dass Karottina ein paar Tage freinehmen konnte. Die Trolle hatten ihm den Schlüssel zu einer Wohnung gegeben, die sie in der Stadt besaßen. Mit vielen

Ratschlägen und Warnungen, was Henry in der Stadt beachten müsste, schickten sie ihn auf den Weg.

Obwohl die Reise viele Stunden dauerte und ziemlich anstrengend war, ging Henry nicht mehr der Atem aus. Das Wandern machte ihm sogar Spaß, und so pfiff er, während sie am Ufer des Fenchelsees entlangspazierten, an den Avocado-Farmen vorbeiliefen und über die Kartoffelfelder wanderten.

Stunden später hatten sie die Brokkoli-Plantagen hinter sich gelassen und folgten einer kleinen Straße durch einen dichten Walnussbaumwald.

Henry kannte bereits jeden Zentimeter des Waldes. Sie hatten ihn nicht nur nach der Schokoladenspur abgesucht, sondern auch Walnüsse von den Bäumen gepflückt. Henry war aufgeregt, dass sie schon so weit gekommen waren. Er war noch nie jenseits dieses Waldes gewesen und jetzt lag etwas Unbekanntes vor ihm.

Henry hoffte, dort würde er die Schokoladenspur finden.

Sie wanderten durch den Wald, bis er sich lichtete. Henry konnte die Skyline der Stadt hinter den Ästen erkennen. Er rannte den Weg hinunter bis zu der Stelle, an der sich der Wald öffnete. Der Anblick der Stadt war beeindruckend. Die Wolkenkratzer von Veggington waren eng aneinander auf einer relativ kleinen Grundfläche gebaut. Sie ragten weit in den Himmel hinauf und ließen kaum Platz für kleinere Gebäude. Ihre bunten Fassaden funkelten im abendlichen Sonnenlicht. Auch wenn die Skyline der Stadt aus der Ferne ganz normal ausgesehen hatte, so konnte Henry seinen Augen nun von Nahem nicht trauen. Die Wolkenkratzer waren nicht aus Stein oder Holz gebaut.

Henry drehte sich zu Karottina und Tiger um.

»Das ist ja unglaublich«, sagte Henry.

Karottina lächelte und sagte: »Ich wette, das hattest du nicht erwartet.«

Henry schüttelte ungläubig den Kopf. Die gesamte Stadt bestand aus Gemüse.

Henry starrte mit Begeisterung die Wolkenkratzer an.

Kapitel Neun

DOWNTOWN VEGGINGTON

Henry holte das Fernglas aus seinem Rucksack und starrte mit Begeisterung die Wolkenkratzer an. Einige hatten die Formen von Gurken und Zucchini, andere sahen aus wie Kürbisse, Sellerie oder Spargel. Jedes Gebäude hatte Fenster, die in das riesige Gemüse geschnitzt worden waren.

»Sind das echte Pflanzen?«, fragte Henry und wendete sich an Karottina. »Oder sind sie nur so gebaut, dass sie aussehen wie Gemüse?«

»Die sind echt«, sagte Karottina.

»Ich kann mir nicht vorstellen, in einer Gurke zu leben«, sagte Henry. »Würde sie nicht nach einer Weile verfaulen?«

»Die Trolle haben Methoden entwickelt, um Gemüse zu

konservieren«, erklärte Karottina. »Über die Jahrhunderte haben sie erstaunliche Dinge geschaffen.« Sie warf ihre grünen Blätter über die Schulter, hob das Kinn an und lief ein paar Schritte vorwärts, als ob sie sich auf einem Laufsteg befand. Wie ein Supermodel legte sie die Hände an die Hüften und drehte sich mit einer dramatischen Geste um. Sie zeigte auf ihren Karottenkörper. »Ta-da! Erstaunliche Dinge wie dieser Luxuskörper.«

»Du bist immer noch eine Karotte«, sagte Henry nüchtern. »Aber stimmt schon, wenn sie jemanden wie dich erschaffen konnten, sind pflanzliche Wolkenkratzer gar nicht so weit hergeholt.«

Henry drehte sich um. Er wollte einen genaueren Blick auf die Skyline werfen. Die Stadt war wie eine Pyramide aufgebaut. Viele pilzförmige Gebäude, die halb so groß waren wie die im Zentrum, standen in den Außenbezirken. Es schienen Wohnhäuser zu sein. Wenn man bedenkt, wie schwammig Pilze sind, konnte sich Henry kaum vorstellen, in einem von ihnen zu wohnen.

Eine Gruppe grüner mittelgroßer Gemüse stand neben ihnen. Henry konnte Sellerie, Lauch, Kürbis und viele andere Gemüsegebäude erkennen. Sie waren in einem engen Labyrinth miteinander verwoben, das durch Dutzende von Brücken hoch über den Straßen der Stadt verbunden war. Die höchsten Gebäude im Zentrum der Stadt waren fünf riesige Gurken und drei weiße Spargel. Sie umgaben das allerhöchste Gebäude: eine Karotte.

»Das muss mindestens 100 Stockwerke haben«, sagte Henry.

»Ja, es hat genau 121 Stockwerke«, sagte Karottina. »Das ist der Karottentower. Die Trolle haben ihn über achtzig Jahre zu dieser Höhe anwachsen lassen.«

»Willst du damit sagen, dass diese Gebäude lebendig sind?«, fragte Henry.

»Natürlich sind sie das«, sagte Karottina. »Je nach Wetterlage wachsen sie jedes Jahr ein oder zwei Stockwerke.«

»Cool«, sagte Henry. »Lass uns gehen. Ich will spätestens heute Abend dort sein.«

Kurz vor Sonnenuntergang erreichten sie die ersten Pilztürme. Sie schlichen durch die kleinen Gassen zwischen den Gebäuden und versteckten sich jedes Mal, wenn ein Troll vorbeilief. Wenn Henry entdeckt worden wäre, hätte er eine Menge Aufmerksamkeit auf sich gezogen.

Henry und Karottina fanden die Wohnung von Gerthy und Tom relativ schnell in einem der Hochhauspilze. Als sie die Lobby betraten, fasste Henry gleich die Wand an, um zu sehen, ob sie so weich wie ein normaler Pilz war. Aber er musste feststellen, dass diese Gebäude anders waren als normales Gemüse. Die Wand war hart wie Stein. Offensichtlich hatten die Trolle im Laufe der Jahre mit Gemüse experimentiert. So wie sie Karottina aus Karotten entwickelt hatten, hatten sie Gemüse geschaffen, das fest wie Stein war und als Gebäude verwendet werden konnte.

Henry und Karottina liefen die Treppe hinauf. Henry war erschöpft, als sie die Wohnung im 35. Stock erreichten. Noch nie war er so viele Treppenstufen hinaufgestiegen. Karottina schloss die Tür auf, und Henry ließ sich außer Atem in einen großen Liegesessel fallen.

»Hübsche Wohnung«, sagte er und sah sich um.

»Gerthy und Tom haben sie erst vor ein paar Monaten gekauft«, sagte Karottina.

Henry bemerkte, dass sie im gleichen Stil wie die Blockhütte eingerichtet war. Sie hatte bunte Steppdecken, schöne Teppiche und viele Bilder an den Wänden.

Karottina fing gleich an zu kochen und bereitete einen kleinen Grünkohlsalat vor aus Gemüse, das sie mitgebracht hatte. Nach dem Essen ging Henry sofort ins Bett. Er war müde von dem langen Marsch. Die Müdigkeit, die er hier in Veggington fühlte, war ganz anders als die, die er im Zuckerreich spürte. Hier war er müde vom vielen Laufen, während er im Zuckerreich müde vom Nichtstun und von den vielen Süßigkeiten war.

Als er am nächsten Tag aufwachte, war Karottina schon in der Küche. Sie sang vor sich hin und pfiff ab und zu dazwischen.

Henry duschte kurz und frühstückte.

»Ich denke, wir sollten zuerst zum Karottentower gehen«, sagte Henry nach dem Frühstück mit Karottina. »Von da oben können wir alles gut sehen. Aber so kann ich nicht herumlaufen. Diese Trolle haben noch nie einen Menschen gesehen. Stell dir vor, was für ein Chaos das auslösen könnte.«

Karottina nickte grinsend. »Keine Sorge, daran habe ich schon gedacht.« Sie öffnete ihren Rucksack. »Ich habe dir ein Kostüm besorgt, damit du wie Gemüse aussiehst, genauso wie ich.«

»Ist das dein Ernst?«, fragte Henry. »Du willst, dass ich mich wie eine Karotte anziehe?«

Karottina ließ ihren Blick an seinem kugeligen Körper entlanggleiten. »Du hast nicht wirklich den Körper einer Karotte. Also dachte ich an etwas, das runder ist.«

»Na, vielen Dank«, sagte Henry und knirschte mit den Zähnen.

»Ich habe dir ein Brokkoli-Kostüm besorgt«, sagte Karottina begeistert.

»Du machst wohl Witze.« Henry holte tief Luft.

Karottina schüttelte den Kopf und warf ihm einen ernsten Blick zu. Sie zog das Kostüm aus ihrem Rucksack hervor. Es war von oben bis unten mit Brokkoli bedeckt. »Es ist vielleicht nicht ganz überzeugend, aber es wird weniger Aufmerksamkeit erregen als kein Kostüm. Die Trolle sind an Brokkoli mit zwei Beinen gewohnt, genauso wie an Karotten wie mich.«

Henry zog das Kostüm an. Er wusste, dass er lächerlich damit aussehen würde. Der Brokkoli hing um seine Taille herum und bedeckte die Kapuze des Pullis komplett, sodass man den Kopf kaum sehen konnte. Nur ein paar Löcher für Augen, Nase und Mund waren ausgespart.

»Und das soll keine Aufmerksamkeit erregen?«, fragte Henry und blickte an sich herunter. »Das ist echt peinlich. Was meinst du, Tiger?«

Tiger legte die Ohren an und fauchte.

»Das ist nicht wirklich überzeugend«, sagte Henry und wendete sich Karottina zu.

»Das sieht doch völlig normal aus«, sagte Karottina. »Ich werde dich jetzt nur noch Broccolino nennen.«

Henry fühlte sich wie ein Clown. In Schoko-Locoville wäre er das Gespött des ganzen Dorfes gewesen, aber in Veggington war das anders. Henry gab auf, mit Karottina über das neue Outfit zu diskutieren. Er würde ja bald herausfinden, ob es wirklich so normal aussah, wie sie sagte.

Henry holte zwei Schalen und füllte sie mit Wasser und Futter.

»Wir sind bald wieder da«, sagte er zu Tiger, der zusammengerollt auf der Couch lag.

Dann verließ Henry mit Karottina die Wohnung. Sie gingen das Treppenhaus des Pilzturms hinunter und folgten einer Gasse, die zu einer der größeren Straßen führte. Als sie eine breite Kreuzung erreichten, sah Henry eine Schar von Trollen auf sie zukommen. Zu seiner Überraschung ignorierten sie Henry völlig und gingen an ihm vorbei. Offensichtlich funktionierte das Outfit. Aber Henry konnte trotzdem Panik in Karottinas Blick erkennen. Sie ging dicht an den Mauern der Gebäude entlang und trat nie auf die offene Straße hinaus. Henry erinnerte sich, wie sehr sie sich vor Gerthy und Tom gefürchtet hatte. Es musste ein Albtraum für sie sein, jetzt all diese Trolle um sie herum zu sehen.

Eine halbe Stunde später kamen Henry und Karottina an den riesigen Spargeltürmen vorbei. Karottina beruhigte sich mehr und mehr. Offensichtlich hatte sie begriffen, dass keiner dieser Trolle sie anknabbern wollte. Obwohl sie zu Hunderten an Karottina vorbeigingen, sah sie keiner an. Nur gelegentlich lief ein Brokkoli an Henry vorbei und starrte ihn irritiert an. Das Outfit war wohl doch nicht so glaubwürdig, wie Karottina dachte.

»Wir sind da«, sagte Karottina und zeigte auf eine Straßenecke. »Er ist gleich da hinten.«

Henry schaute um die Ecke und sah den höchsten Turm von Veggington direkt vor sich.

»Der Karottentower«, sagte Henry. »Hoffentlich können wir die Spur von dort oben sehen.«

»Der ist aber echt beeindruckend«, sagte Henry.

Kapitel Zehn

DER KAROTTENTOWER

Die hochpolierte Schale des Karottentowers glitzerte im Sonnenschein. Henry musste seine Augen leicht zukneifen, damit er das schöne Gebäude in der grellen Sonne betrachten konnte. Verzierungen und Ranken waren in die Fassade geschnitzt. Sie machten den Turm zu einem wahren Kunstwerk. Im Gegensatz zu einer normalen Karotte wuchs der Turm aber mit der Spitze nach oben. Das schlanke Ende ragte hoch in den Himmel. Das dicke Ende dagegen steckte in einem Sockel, der vier Stockwerke hoch war.

»Der ist aber echt beeindruckend«, sagte Henry. »Solche Türme haben wir nicht im Zuckerreich. Wie können sie aber so verkehrt herum wachsen? Müssen Blätter nicht nach oben in Richtung Sonne wachen?«

»Gemüsetürme werden durch das Fundament ernährt«, erklärte Karottina. »Die Trolle haben ein kompliziertes System erfunden, das die Türme ohne Erde wachsen lässt. Sie stehen in einer speziellen Flüssigkeit, die sich im Fundament des Gebäudes befindet. Der Karottentower wächst hier schon seit einer Ewigkeit. Als ich klein war, war er noch ein paar Stockwerke kürzer. Einige der Spargeltürme waren fast genauso hoch, aber jetzt ist er zweifellos der Höchste.«

»Komm, lass uns hochgehen«, sagte Henry. »Das ist ein ganz schönes Stück bis nach dort oben.«

Karottina lachte. »Du Dummerchen, der Turm hat doch Aufzüge, im Gegensatz zu den Wohnhäusern.« Sie ging zum Eingang und lief schnurstracks durch die Lobby zu einer Reihe von zwölf Türen.

»Was sind denn Aufzüge?«, fragte Henry. So etwas hatte er im Zuckerreich noch nie gehört.

»Das sind kleine Räume, die einen in Sekundenschnelle in die gewünschte Etage des Gebäudes bringen«, erklärte Karottina.

Henry folgte Karottina durch die Lobby in Richtung der Aufzüge. Er war erstaunt, wie viel Liebe man in die Inneneinrichtung gesteckt hatte. Die Wände waren mit großartigen Gemälden bedeckt und an den Decken hingen elegante Kronleuchter, die aus Radieschen geschnitzt waren. Sie beleuchteten die gesamte

DIE SCHOKOLADENWOLKEN

Lobby.

Der Aufzug war voll mit Trollen. Henry und Karottina quetschten sich hinein und einen Moment später schossen sie nach oben. Karottina war sichtlich nervös, so nah neben den Trollen zu stehen, wobei Henry mehr Angst hatte, dass jemand entdecken könnte, dass er kein Brokkoli war. Aber niemand sagte etwas. Henry hielt sich an der Wand fest, als der Aufzug zur Aussichtsplattform hinauf sauste. Einen Moment lang hatte er ein merkwürdiges Gefühl im Magen, aber bevor er darüber nachdenken konnte, erreichte der Aufzug die Spitze.

Henry trat auf die Aussichtsplattform und sah weit unten die prächtige Stadt Veggington liegen. In der Ferne konnte er sogar die Monsterberge und den Fenchelsee sehen. Henry zückte das Fernglas und richtete seinen Blick in Richtung des Sees, der von den weitläufigen Gemüsefeldern umgeben war. In diesem Moment fragte sich Henry, was wohl seine Mutter sagen würde, wenn sie das alles sehen könnte. Sie würde vielleicht einige der Schokoladenfelder in Gemüsefelder umwandeln, wenn sie wüsste, wie köstlich Gemüse ist. Die Gemüsesamen musste er ihr unbedingt mitbringen. Aber zuvor wollte er ihr auch noch einige Obstsamen aus Obstopolis besorgen.

Henry erinnerte sich, wie er früher mit seiner Mutter in den Lollifeldern gespielt hatte. Er lächelte. *Mutti war damals so lustig,* dachte er. *Ich wünschte, sie wäre wieder so wie damals.*

Es würde sich aber nur etwas verändern, wenn Henry die Gemüse- und Obstsamen zurückbringen würde. Und wenn er die Schokoladenwolken wiederfinden würde, wäre das das i-Tüpfelchen. Dann würde seine Mutter ihm sicherlich mehr Aufmerksamkeit schenken.

»Du suchst in der falschen Richtung«, sagte Karottina und unterbrach Henrys Gedanken. »Wir haben diese ganze Region schon abgesucht.« Sie zeigte auf den Fenchelsee. Dann schaute sie über ihre Schulter und flüsterte: »Du musst in der Gegenrichtung suchen.«

Henry blickte an Karottina vorbei. Ein Troll in einem schwarzen Umhang stand am Gitter und blickte über die Landschaft

»Ist alles okay?«, fragte Henry Karottina. Er zeigte in Richtung des Trolls.

»Ich glaube, der ist uns gefolgt, seitdem wir den Karottentower betreten haben«, flüsterte Karottina. »Ich habe ihn schon im Aufzug bemerkt.«

»Das ist sicher nur ein Zufall«, sagte Henry und ging auf die andere Seite der Plattform. Von hier aus sah alles anders aus. Die Felder erstreckten sich bis zu einem dunklen Wald, der eine natürliche Grenze bildete. Ab dort wuchsen nur noch Bäume, so weit das Auge reichte. Sie versperrten die Sicht auf alles, was sich auf dem Waldboden befand.

»Ist das der Wald, durch den man nach Obstopolis kommt?«, fragte Henry.

Karottina nickte. »Dort ist es sehr gefährlich. Nur wenige Menschen haben es durch diesen Wald geschafft und sind lebend zurückgekommen. Deshalb ist es auch verboten, den Wald zu betreten. Aber die, die es geschafft haben, erzählen von wunderbaren Dingen wie zum Beispiel von süßen, köstlichen Früchten, von denen noch nie jemand etwas gehört hat.« Sie lehnte sich zu Henry und flüsterte: »Ich habe eine dieser Früchte probiert, und sie war wahnsinnig köstlich.«

»Wie hast du sie denn bekommen, wenn es illegal ist?«, fragte Henry.

»Die Früchte selber sind ja nicht illegal, nur das Betreten des Waldes ist es«, erklärte Karottina. »Aber ohne den Wald zu betreten, kommst du halt nicht an die Früchte ran.«

»Ich verstehe«, sagte Henry. »Ich wünschte, ich könnte eine davon probieren.«

Henry hörte plötzlich ein Räuspern hinter sich. Er drehte sich um und sah den Troll in dem schwarzen Umhang. Eine Kapuze war über seine Augen und Nase gezogen, sodass Henry nur den Mund des Trolls sehen konnte.

»Hast du Interesse an einem besonderen Leckerbissen?« Der Troll schaute sich nervös um, offensichtlich hatte er Angst, erwischt zu werden.

»Was hast du denn?«, fragte Henry. »Ich würde den Leckerbissen gerne mal sehen.«

Der Troll schaute sich wieder nervös um, aber niemand beobachtete ihn. Er zog einen kleinen Beutel aus seinem Umhang und zeigte ihn Henry. »Es ist nicht billig, aber es ist auch sehr selten. Ich und meine Freunde haben es vor ein paar Monaten in Obstopolis gefunden.« Er schüttete den Inhalt des Beutels in seine Handfläche.

Karottina lehnte sich über Henrys Schulter, um einen genaueren Blick auf den Inhalt zu werfen. »Das ist kein Obst«, sagte sie.

»Natürlich ist es das nicht«, sagte Henry. Er schaute ungläubig auf die braunen Stücke in der Handfläche des Trolls. »Das ist Schokolade.«

»Woher weißt du, was das ist?«, fragte der Troll. »Warst du schon mal in Obstopolis?«

»Nicht wirklich«, sagte Henry. »Aber ich habe schon mal einige dieser Stücke gefunden. Hast du sie hier vielleicht auf dem Boden gefunden? Sah es wie eine Spur aus?«

Der Troll nickte. »Es gab Hunderte von den Stücken überall auf den Feldern in Veggington. Vor einigen Monaten haben viele Leute damit ein Vermögen gemacht. Aber nachdem sie alle Stücke eingesammelt hatten, traute sich niemand mehr, der Spur zu folgen. Sie führte nämlich in den Wald. Aber ich und meine Freunde sind ihr trotzdem gefolgt, und sie führte uns direkt nach Obstopolis. Dort haben wir die Spur dann verloren und wurden von den Obstopolianern aus ihrem Reich ausgewiesen.«

»Genau dort will ich hin«, sagte Henry. »Können du und deine Freunde mich dorthin bringen?«

Karottina stieß Henry mit dem Ellbogen in die Seite und warf ihm einen skeptischen Blick zu. Henry wusste, dass sie ihm damit sagen wollte, dass er keine Geschäfte mit Gaunern machen sollte. Aber er sah keine andere Möglichkeit. Obstopolis schien sehr schwer erreichbar zu sein und dieser Wald war offensichtlich gefährlich. Henry brauchte jemanden mit Erfahrung.

»Wir könnten dich hinbringen«, sagte der Troll. »Aber was wirst du uns für so eine gefährliche Aufgabe bezahlen?«

Henry holte eine kleine Tüte mit Schokoladenbonbons aus seinem Rucksack. Er riss sie auf und zeigte sie dem Troll. »Wäre das Bezahlung genug?«

Der Troll lächelte. »Das würde ausreichen. Ich spreche mit meinen Leuten und wir treffen dich morgen Abend um acht Uhr am Eingang des Pilzturms 731. Wir können nur nachts reisen, weil der Eingang zum Veganerwald bewacht wird, und nachts ist es leichter hineinzukommen.« Der Troll drehte sich um und ging weg.

»Veganerwald«, wiederholte Henry und lachte.

»Das ist der Name des Waldes«, erklärte Karottina. »Und das ist nicht lustig.«

»Na so gefährlich kann er ja nicht sein, wenn nur Veganer in dem Wald leben.« Henry kicherte.

»Darüber macht man keine Witze. Es ist sehr gefährlich«, sagte Karottina mit einem leicht genervten Unterton. »Du hast ja keine Ahnung. In dem Wald leben keine Veganer. Er heißt so, weil in diesem Wald kein einziges Tier lebt. Jeder müsste dort zum Veganer werden«

Henry lief ein Schauder den Rücken runter. Vielleicht war der Veganerwald doch nicht so lustig. Aber was auch immer sich in diesem Wald befand, Henry musste da durch, um Obstsamen und die Schokoladenwolken zu finden.

»Komm, lass uns zurückgehen«, sagte Henry. »Morgen werden wir herausfinden, was sich im Veganerwald versteckt.«

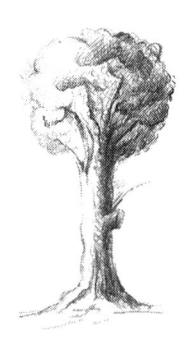

Henry konnte in dieser Nacht nicht gut schlafen.

Kapitel Elf

DER VEGANERWALD

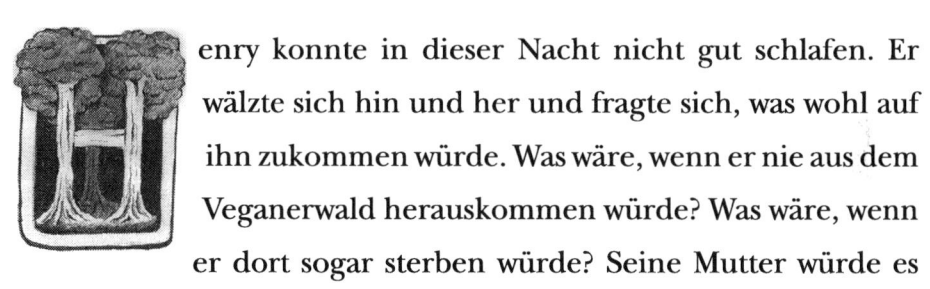

Henry konnte in dieser Nacht nicht gut schlafen. Er wälzte sich hin und her und fragte sich, was wohl auf ihn zukommen würde. Was wäre, wenn er nie aus dem Veganerwald herauskommen würde? Was wäre, wenn er dort sogar sterben würde? Seine Mutter würde es nie erfahren. Jetzt könnte er immer noch umkehren, zurück ins Zuckerreich mit den Gemüsesamen. Das würde vielleicht sogar ausreichen, um das Unternehmen seiner Mutter zu retten.

Henry fragte sich, ob er den Schokoladenwolken hätte folgen sollen. Aber dann erinnerte er sich an Karottina, die neben ihm tief und fest schlief. Hätte er diese Reise nie unternommen, hätte er nie eine so gute Freundin gefunden. Er hätte nie die Vielfalt von

Lebensmitteln entdeckt, die es auf der Welt gibt, und er hätte nie Kürbissuppe gekostet. Zwar hatte er Angst vor dem Veganerwald, und er vermisste auch seine Mutter, aber die Reise war es definitiv wert gewesen.

Am nächsten Tag gegen Nachmittag packte Henry seine Sachen. »Hoffentlich schaffe ich es, durch den Veganerwald zu kommen«, sagte er.

»Wir«, korrigierte ihn Karottina. »Ich lass dich nicht alleine gehen.«

»Aber Gerthy und Tom warten auf dich«, sagte Henry.

»Ich habe ihnen gestern Abend eine Nachricht geschickt, und sie haben mir geantwortet, dass ich dich begleiten soll.«

»Aber es könnte gefährlich werden«, sagte Henry.

»Manchmal muss man Dinge tun, vor denen man Angst hat, wenn man einem Freund helfen will«, sagte Karottina. Sie schloss ihre Tasche und verließ die Wohnung.

Henry lächelte und setzte Tiger auf seinen Rucksack. Dann folgte er zufrieden Karottina. Das erste Mal in seinem Leben erlebte er, abgesehen von seinem Kater, wahre Freundschaft.

Um Punkt 20 Uhr kamen sie am Pilzturm 731 an. Obwohl es noch nicht so spät war, waren die Straßen in diesem Teil der Stadt schon völlig leer, wahrscheinlich weil es hier nicht sehr einladend aussah. Die Fassaden der Gebäude waren mit Schimmel überwuchert und überall waren Graffitis an den Wänden. Der Geruch von verfaultem Gemüse hing in der Luft. Henry bemerkte, dass sich in den kleinen Gassen entlang der Hauptstraße, in denen die Hochhäuser standen, Müll auftürmte.

»Diese Gemüsetürme verrotten«, sagte Karottina und schaute sich nervös um, als würden sie gleich von irgendwelchen Räuberbanden überfallen werden. »Es ist nur eine Frage der Zeit, bis sie abgerissen und neu gepflanzt werden müssen.«

»Ich hoffe, diese Freunde sind nicht so furchterregend wie die Gegend, in der wir uns befinden«, sagte Henry und rückte sein Brokkoli-Kostüm zurecht.

»Ich bin immer noch der Meinung, dass es eine miserable Idee war, einem so komischen Troll zu vertrauen«, sagte Karottina. »Was, wenn seine Freunde ein Haufen von Mörder sind, die im Veganerwald Leute umbringen? Vielleicht wollen sie dich nur da reinlocken, um dich umzubringen.«

Henry sagte nichts. Er fühlte sich bereits unwohl mit einer Bande von Trollen, die Schmuggel betrieben, in einen dunklen Wald zu gehen.

»Vielleicht hat er uns ja auf den Arm genommen und taucht gar nicht auf«, sagte Henry. »Hier ist ja keiner. Und was machen wir, wenn sie gar nicht kommen? Ich muss unbedingt nach Obstopolis, und dieser Troll ist unsere einzige Chance.«

Im gleichen Moment hörte Henry einen Pfiff. Er drehte sich um und sah den Troll mit dem Umhang. Nur ein paar Meter entfernt von ihnen lugte er um die Ecke des

Gebäudes.

»Komm her«, sagte der Troll und gab ihm ein Zeichen, näher zu kommen.

»Sei vorsichtig«, flüsterte Karottina. »Vielleicht haben sich die Freunde hinter der Ecke versteckt und greifen dich gleich an.«

Henry näherte sich dem Troll, während er jede Bewegung seines Gegenübers beobachtete. Wenn jemand hinter dem Troll hervorspringen würde, war Henry bereit wegzulaufen. Aber niemand erschien. Stattdessen kam der Troll hinter der Ecke hervor und lächelte Henry an.

»Ich bin froh, dass du gekommen bist«, sagte der Troll und streckte Henry seine Hand entgegen. »Mein Name ist Anosmia.«

Henry schüttelte skeptisch die Hand des Trolls. »Freut mich, dich kennenzulernen. Ich bin Henry, und das ist Karottina.« Er deutete auf seine Freundin. »Ich bin froh, dass du da bist. Aber wo sind denn deine Freunde?«

Anosmias Lächeln verschwand sofort. »Die gibt es nicht mehr. Sie sind alle im Veganerwald verschwunden.« Er blickte kurz zu Karottina hinüber und sagte: »Nein, ich habe sie nicht umgebracht, und wir sind keine Mörderbande.«

»Hast du mich etwa belauscht?«, fragte Karottina mit einem entrüsteten Gesichtsausdruck. »Unglaublich.«

»Natürlich habe ich das«, sagte Anosmia. »Woher soll ich wissen, ob ich euch trauen kann? Ihr könntet ja Gauner sein, die mich ausrauben wollen.«

»*Dich* ausrauben?«, stammelte Karottina. »Wir sind nicht gerade diejenigen, die wie Diebe aussehen. Ich bin eine wandelnde Karotte«, sagte sie verärgert und deutete auf ihre dünnen Beine und Arme. »Was kann eine Karotte schon ausrichten?«

»Nicht du. Er!«, sagte Anosmia und deutete auf Henry. »Jeder könnte sich unter diesem lächerlichen Brokkoli-Kostüm verstecken. Wie kann ich so jemandem vertrauen?«

»Du weißt, dass ich ein Kostüm trage?«, fragte Henry und drehte sich wütend zu Karottina um. »Hab' ich dir nicht gesagt, dass mir das keiner abnehmen wird? Ich sehe lächerlich aus.«

Karottina zuckte mit den Schultern und schenkte ihm ein süffisantes Lächeln. »Zumindest war es besser, als ohne Tarnung herumzulaufen.«

Henry zog die Kappe des Kostüms ab und warf sie auf einen der Müllhaufen in einer Gasse. »Ich werde das jetzt nicht mehr tragen.« Als er das Brokkoli-Kostüm auszog, ging Anosmia einige Schritte zurück.

»W-w-was für ein Wesen bist du?«, stotterte der Troll.

»Ich bin ein Mensch«, sagte Henry. Er war erleichtert, als er das letzte Teil des Kostüms ausgezogen hatte. »Und ich werde dir nichts tun. Ich suche nach etwas, das aus meinem Land gestohlen wurde, und ich muss es zurückbringen.«

»Und du glaubst, dieses Etwas ist in Obstopolis?«, fragte Anosmia.

»Ganz genau«, sagte Henry. Er zog eine weitere Tüte mit Schokoladenbonbons aus seinem Rucksack. »Da wir das nun geklärt haben, mache ich dir ein Angebot. Ich gebe dir die ganze Tüte Schokolade, wenn du uns nach Obstopolis bringst. Und wenn wir das finden, was wir suchen, dann bekommst du noch viel mehr.«

Anosmias Augen funkelten, als er die Schokolade sah.

»Im Veganerwald warten wohl einige Gefahren auf uns«, sagte Henry. »Also wäre es besser, wenn wir uns gegenseitig vertrauen.«

Anosmia lächelte. »Deal. Ich zeige euch den Weg. Los geht's!«

Anosmia führte sie durch ein Labyrinth von kleinen Gassen, bis sie an einen kleinen Platz gelangten. Die Gebäude waren hier noch verwahrloster als an der Ecke, an der sie sich getroffen hatten. Der gesamte Platz war völlig verlassen, und kein einziges lebendes Wesen war zu sehen. Der Gestank von verfaultem Gemüse hing in der Luft und Schimmel klebte an den Fassaden und am Boden. Sie überquerten den Platz und ließen die Hochhäuser hinter sich. Ab diesem Punkt waren die Gebäude nur noch wenige Stockwerke hoch, aber sie sahen genauso baufällig aus wie die Pilztürme in der Innenstadt.

Zehn Minuten später erreichten sie die Felder, die zum Veganerwald führten. Henry war erleichtert, dass sie die Stadt verlassen hatten. Die Luft hier draußen war viel sauberer, und er musste sich keine Sorgen machen, auf einen Schimmelpilz zu treten. Er hob Tiger von seinem Rucksack und setzte ihn auf die Wiese.

»Jetzt kannst du auch selber laufen«, sagte er.

Tiger miaute kurz und folgte ihnen.

Die Sonne war bereits hinter den Bäumen des Veganerwaldes untergegangen, als Anosmia einige Fackeln aus seinem Rucksack holte. Er reichte jeweils eine an Henry und Karottina weiter und zündete sie am Waldrand an.

»Im Wald ist es sehr dunkel«, sagte Anosmia. »Also seid darauf vorbereitet.«

Henry blickte hinauf zu den riesigen Bäumen. Sie waren mindestens 30 Meter hoch und ihre Stämme waren so breit wie ganze Häuser. Der Wald schien undurchdringlich zu sein.

Ein Schauer lief Henry über den Rücken. Er hielt seine Taschenlampe vor sich und versuchte, in die dichte Wand aus Bäumen hineinzusehen. Aber das Licht reichte nicht sehr weit.

»Na dann mal los«, sagte er und versuchte mutig zu klingen. Tief in seinem Inneren aber hatte er Angst, dass er diesen Wald vielleicht nie wieder verlassen würde.

Manchmal blieb er stehen und untersuchte die Rinde.

Kapitel Zwölf

GEFAHR

Die Stunden vergingen und sie liefen immer tiefer in den Wald hinein. Anosmia leitete sie zügig durch das Labyrinth von Bäumen, als wäre er schon viele Male dort durchgelaufen. Manchmal blieb er stehen, untersuchte die Rinde eines Baumes und führte sie dann in eine andere Richtung. Offensichtlich hatte er die Bäume vorher markiert, sodass er immer den Weg zurückfinden würde.

Als die Dunkelheit einbrach, blieb Anosmia an einer kleinen moosbedeckten Lichtung stehen, die nicht größer als ein Schrebergarten war. Der Vollmond strahlte durch die Äste und beleuchtete das Moos.

»Wir werden hier übernachten«, sagte er.

Henry schnallte sein Zelt, das an seinem Rucksack befestigt war, ab. Anosmia kletterte auf einen der dicken Äste eines Baumes und suchte sich dort einen Platz zum Schlafen. Als Henry und Karottina das Zelt aufgebaut hatten, schnarchte Anosmia bereits über ihnen.

»Glaubst du, dass wir hier unten sicher sind?«, fragte Karottina.

»Ich werde nicht auf einem Baum schlafen«, sagte Henry. »Da kann man herunterfallen und sich verletzen.«

Karottina nickte und kroch in das Zelt. Henry folgte ihr. Kurz danach schliefen beide fest ein.

Henry wurde bald durch ein lautes Niesen geweckt. Er setzte sich auf und blickte zu Karottina. Sie war tief am Schlafen. Henry schüttelte sie.

»Hast du das gehört?«, fragte er flüsternd.

Doch anstelle Karottina antwortete ihm Anosmia. »Natürlich habe ich das gehört. Das war ich. Steht ihr denn irgendwann mal auf?«

Henry öffnete das Zelt und fand den Troll vor dem Eingang hockend. »Ich warte jetzt schon seit einer Stunde. Die Sonne ist längst aufgegangen.«

»Warum hast du uns nicht geweckt?«, fragte Henry.

»Wenn ich in euer Zelt gekommen wäre, hättet ihr wieder gedacht, ich wollte euch ausrauben«, sagte Anosmia.

Henry erkannte, dass Anosmia ein sehr anständiges Wesen war

und kein Gauner, wie er zuerst angenommen hatte. Der Troll glich eher einem Verkäufer, der mit seltenen Gegenständen handelte.

Henry lächelte. »Danke, Anosmia. Das war sehr rücksichtsvoll von dir. Das nächste Mal komm einfach rein und weck uns.«

Henry zog Karottina am Bein und kletterte dann aus dem Zelt.

Draußen schaute er sich erst einmal um. Im Tageslicht sah der Wald gar nicht mehr so unheimlich aus wie in der Nacht zuvor. Eigentlich hatten sie an einer recht angenehmen Stelle übernachtet. Die Blätter über ihnen ließen einige Lichtstrahlen durch, die den moosbedeckten Boden beleuchteten und das satte Grün verstärkten. Der Wind wehte durch die Äste und ließ die Blätter rascheln, während die Baumkronen leicht schwankten.

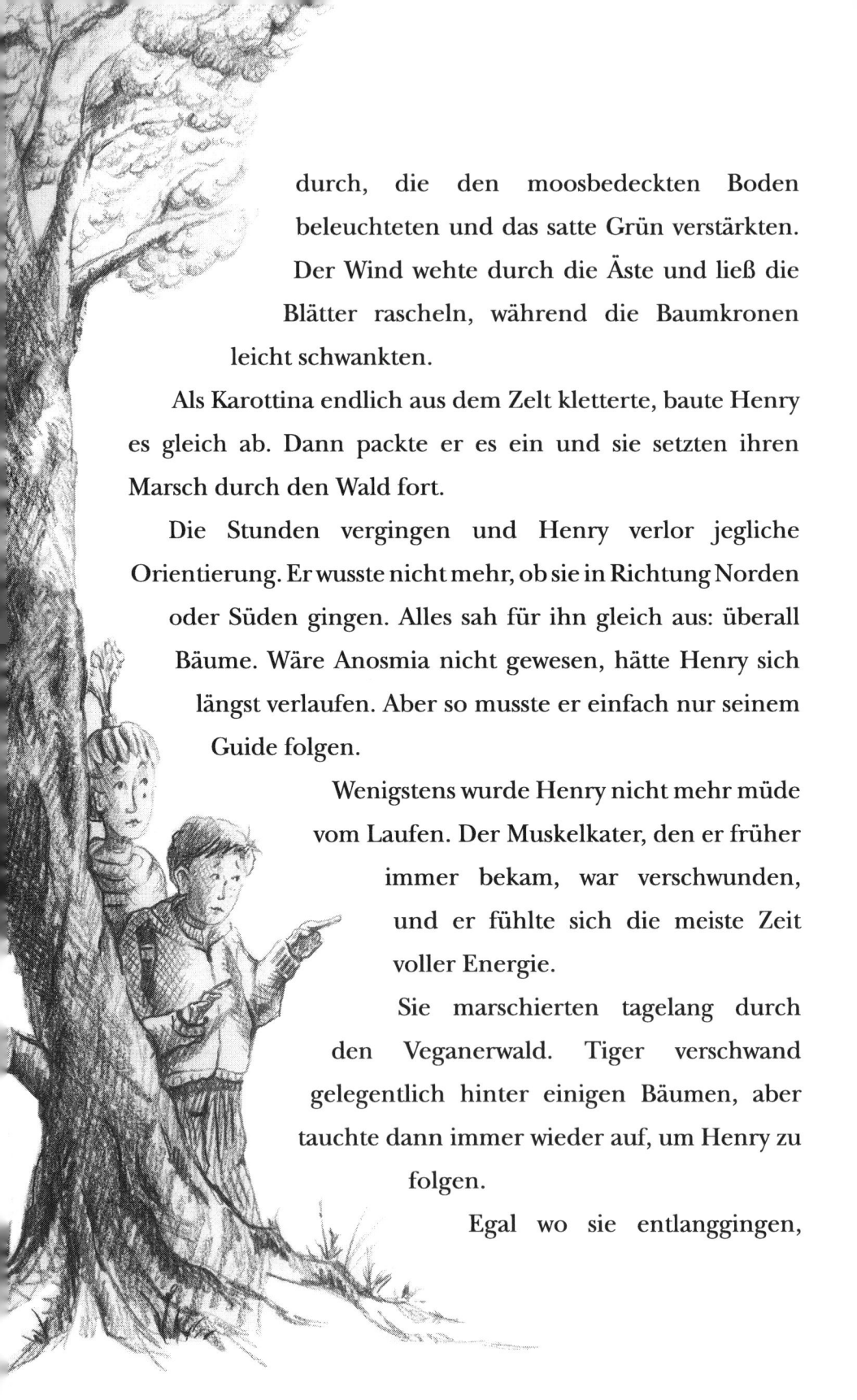

Als Karottina endlich aus dem Zelt kletterte, baute Henry es gleich ab. Dann packte er es ein und sie setzten ihren Marsch durch den Wald fort.

Die Stunden vergingen und Henry verlor jegliche Orientierung. Er wusste nicht mehr, ob sie in Richtung Norden oder Süden gingen. Alles sah für ihn gleich aus: überall Bäume. Wäre Anosmia nicht gewesen, hätte Henry sich längst verlaufen. Aber so musste er einfach nur seinem Guide folgen.

Wenigstens wurde Henry nicht mehr müde vom Laufen. Der Muskelkater, den er früher immer bekam, war verschwunden, und er fühlte sich die meiste Zeit voller Energie.

Sie marschierten tagelang durch den Veganerwald. Tiger verschwand gelegentlich hinter einigen Bäumen, aber tauchte dann immer wieder auf, um Henry zu folgen.

Egal wo sie entlanggingen,

der Wald schien sich kaum zu verändern. Es fühlte sich an, als würden sie immer wieder an der gleichen Stelle vorbeikommen. Deshalb war Henry sehr dankbar darüber, so einen qualifizierten Guide zu haben. Anosmia erklärte Henry, wie man seinen Weg durch den Wald findet und wie die Rinde eines Baumes Hinweise über die Wetterverhältnisse gibt. Henry versuchte, sich alles zu merken, und es wurde ihm keine Minute langweilig, weil er so viel Neues über Wälder lernte.

Eines Abends gingen sie in der Dämmerung auf die Suche nach einem Übernachtungsort, wo sie ihr Zelt aufstellen konnten. Karottina und Anosmia suchten in verschiedenen Richtungen, um eine Lichtung zu finden. Henry suchte mit Tiger die Gegend genau ab.

»Habt ihr einen Platz gefunden?« Karottinas Stimme hallte durch den Wald.

»Noch nicht«, rief Henry zurück, während er von Anosmia nur ein kurzes »Nö« hörte.

Henry folgte den letzten Sonnenstrahlen, die den Wald erhellten, bis er in der Ferne Blumen entdeckte. Henry lief gespannt auf sie zu. Wie konnten an so einem schattigen

Ort Blumen wachsen? Sie hatten orangefarbene Blüten, die sich vom tiefen Grün der Farne um sie herum abhoben und dem Wald eine farbenfrohe Atmosphäre verliehen. Henry blieb direkt vor einer der Blüten stehen. Sie war riesig. Sie reichte ihm bis zu den Hüften und war so groß wie zwei Hände zusammen. Die Blütenblätter im Inneren hatten die Form eines Schmetterlings und waren bedeckt mit Pollen.

Henry schaute nach links und nach rechts. Die Blumen wuchsen ausschließlich in einem sechs Meter breiten Streifen, der sich in beide Richtungen unendlich weit durch den Wald schlängelte.

»Habt ihr diese Blumen gesehen?«, rief Henry. Er fragte sich, ob Karottina und Anosmia sie schon entdeckt hatten. Aber die beiden antworteten nicht.

Henry machte einen Schritt nach vorne und schob einige der Blüten zur Seite, damit er sie nicht beschädigte. Dann lief er vorsichtig in das Blumenfeld hinein. Er war noch keine drei Meter gegangen, als die Blumen anfingen, sich hin und her zu bewegen. Es war, als ob sie im Wind tanzten. Henry hob seine Hand in die Luft, aber er konnte keinen Wind spüren.

Jedoch bemerkte er einen süßlichen Duft. Er beugte sich über die Blüten und nahm einen tiefen Atemzug. Sie rochen wie eine Mischung aus Rosen und Hyazinthen. Plötzlich fingen die Blütenblätter im Inneren an zu pulsieren und schossen Pollen in die Luft. Henry schreckte zurück.

»Lecker, Lecker!«, sagte eine Stimme.

Er drehte sich um, in der Erwartung, dass Karottina oder Anosmia hinter ihm stehen würden. Aber da war niemand. Er machte einen weiteren Schritt nach vorne. Da ertönte die Stimme wieder.

»Wer bist du?«, fragte Henry irritiert und blickte sich um.

»Sie schmeckt so lecker«, sagte die Stimme.

Henry blickte in eine der riesigen Blüten. Er wollte seinen Augen nicht trauen. Im Inneren der Blume befanden sich keine Blütenblätter mehr. Dafür lag jetzt dort ein besonders lecker aussehendes Stück Schokolade.

Henry schaute sich um und sah, dass alle Blüten Schokoladenstücke enthielten.

Kapitel Dreizehn

DIE BLUMEN
DER SEHNSUCHT

»Sie schmeckt so lecker«, wiederholte die Stimme. »Probiere mal.«

Henry wollte sie aber nicht probieren. Er wusste, wie Schokolade schmeckte. Warum befand sich überhaupt ein Stück Schokolade in der Blume? Das war alles sehr seltsam.

»Nimm sie dir«, sagte die Stimme.

Henry schaute sich um und sah, dass alle Blüten Schokoladenstücke enthielten. Ein leises Seufzen hallte durch den Wald, als sich die Blumen wieder wie im Wind wiegten.

»Nein danke«, sagte Henry laut. »Ich habe lange genug

Schokolade gegessen.«

Er hatte in den letzten Monaten so viel Gewicht verloren, dass er diesen Erfolg nicht wieder ruinieren wollte, indem er viele Süßigkeiten aß. Abgesehen davon war es ziemlich merkwürdig, dass Schokolade plötzlich aus dem Nichts auftauchte. Vielleicht war diese Schokolade ja sogar giftig.

»Nimm doch etwas von dieser leckeren Schokolade.« Die Worte hallten durch den Wald. Diesmal war es nicht nur eine Stimme, sondern ein ganzer Chor von Stimmen.

Henry starrte die Blumen an. »Seid ihr diejenigen, die sprechen?« Er stupste eine der Blüten an.

»Iss, iss!«, flüsterte die Blume.

»Ich will aber keine Schokolade«, sagte Henry in einem entschlosseneren Ton.

Die Blütenblätter der Blume pulsierten wieder und schossen mehr Pollen als zuvor in die Luft. Ein orangefarbener Nebel hüllte die Blumenwiese ein.

Henry wurde schwindelig, als hätte er sich mehrfach im Kreis gedreht. Hatten die Pollen ihn betäubt? Sein Kopf pochte, als würde jemand gegen seinen Schädel hämmern. Er konnte sich nicht mehr konzentrieren. Es war, als wäre Schokolade das Einzige, was er in diesem Moment noch wollte. Seine Hand griff nach der Schokolade, aber sein Verstand sagte ihm, dass er sie nicht essen sollte. Er wollte das Stück eigentlich nicht in die Hand nehmen, aber irgendwie machte seine Hand nicht das, was er wollte. Bevor er es sich versah, nahm er die Schokolade in die Hand.

»Iss die Schokolade!« Die Stimmen der Blumen hallten durch den Wald.

Henry starrte auf das Stück in seiner Handfläche. Er wollte es so gerne essen, aber dann blickte er an seiner Hand vorbei auf seine Füße. Er konnte seine Zehen unter seinem Bauch entdecken. Ein Gefühl der Freude kam in ihm auf. Nach all dem Gewicht, das er verloren hatte, konnte er jetzt endlich seine Füße sehen. Wollte er jetzt wirklich wieder Schokolade essen und alles ruinieren? Henry starrte weiter auf seine Füße und dachte darüber nach, was er alles erreicht hatte.

»Konzentrier' dich«, sagte er zu sich selbst. Seine Füße sahen verschwommen aus, aber je mehr er sich auf seinen Erfolg konzentrierte, desto klarer wurde er im Kopf.

Diese Blumen betäuben mich, dachte Henry. Mit all seiner Kraft schleuderte er das Stück Schokolade in den Wald.

»Nein, nein, nein«, rief er und begann zu rennen.

Doch umso näher er an das Ende der Blumenwiese kam, desto schwindeliger wurde ihm. Die Blumen begannen zu fauchen, und ihre schöne orangene Farbe verwandelte sich in Schwarz.

»Du wirst sie essen!«, grollten sie.

Henry schaute in eine der Blüten. Statt eines Stücks Schokolade sah er nun im Innern scharfe Reißzähne.

»Ihr fiesen kleinen Kreaturen«, schrie Henry, als die Blüten anfingen, nach ihm zu schnappen. Er spürte, wie der Schmerz sein Bein hinaufschoss. Eine von ihnen hatte ihre scharfen Zähne in seine Wade gehauen. Er trat gegen den Stamm der Blüte und rannte weiter.

»Friss, friss, du musst sie fressen«, riefen alle Blüten.

»Nein, das werde ich nicht«, schrie Henry. Er setzte zum Sprung an und schoss kopfüber aus dem Blumenbeet.

Als er auf seinem Bauch landete, wurde alles still um ihn herum. Henry hatte es geschafft. Er drehte sich um und schaute die Blumen an. Sie waren wieder orange und sahen aus, als ob sie nie etwas getan hätten. Die Pollen in der Luft hatten sich aufgelöst, und Henry konnte wieder klar denken.

Er stieß einen erleichterten Seufzer aus und wollte sich aufsetzen. Er stützte seine Hand auf den Erdboden und griff dabei in etwas Spitzes hinein. Er drehte seinen Kopf nach hinten, um nachzusehen, was es war.

Henry erstarrte kurz. Dann schrie er laut und sprang auf. Ein großer Totenschädel saß direkt vor ihm auf einem Knochenhaufen. Henry stolperte rückwärts. Doch bevor er in die Blumenwiese lief, hielt er inne und holte tief Luft.

»Ganz ruhig«, sagte er zu sich selbst. Aber je mehr er sich umsah, desto mehr Panik bekam er. Der gesamte Erdboden hinter dem Blumenfeld war mit Knochen bedeckt. Es erstreckte sich kilometerweit durch den Wald. Die Blumen hatten Henry so abgelenkt, dass er nicht bemerkt hatte, was sich dahinter befand. Offensichtlich war er aber nicht der Einzige gewesen, der abgelenkt wurde. So viele arme Seelen hatten diesen Fehler bereits mit dem Tod bezahlt.

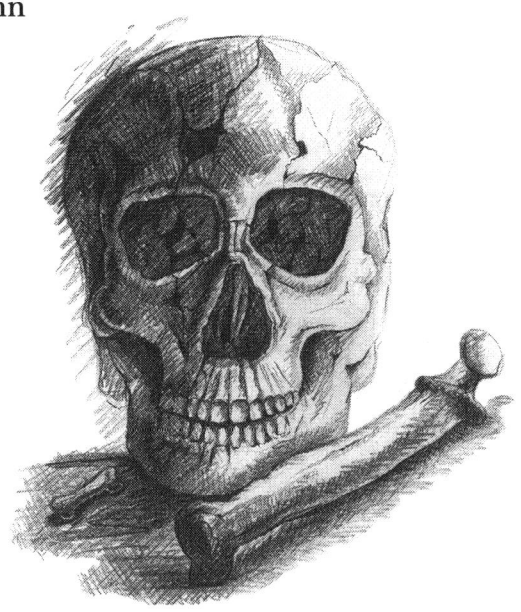

Ein Miauen riss Henry aus seinen Gedanken. Tiger saß auf einem Schädel neben ihm und kaute an einem Knochen.

»Muss das wirklich sein?«, fragte Henry. »Musst du an diesen armen Menschen herumkauen?« Er schob Tiger zur Seite.

»Wenigstens haben die Blumen dir nichts angetan.«

Jetzt, wo Henry sich wieder konzentrieren konnte, wurde ihm klar, dass die Blumen der Grund waren, warum niemals jemand aus dem Wald zurückgekommen war. Er schaute wieder in eine der Blüten. Es war keine Schokolade zu sehen. Offensichtlich hatten die Pollen die Menschen betäubt, und sie begannen dann zu halluzinieren.

Henry liebte ja immer noch Schokolade, und die Blüten hatten ihm seine größte Sehnsucht gezeigt. Vielleicht zeigten die Blüten ja jemand anderem eine Frucht oder Gemüse, je nachdem, was er begehrte. Niemand konnte seinen Sehnsüchten widerstehen. So aßen diese armen Menschen das, was sie sahen. In Wirklichkeit aber nahmen sie giftige Pollen zu sich.

»Die Blumen haben sie alle getötet«, sagte Henry, als er Tiger in die Arme nahm. »Ich bin froh, dass wir es geschafft haben.«

Aber als er das sagte, schoss ihm ein Gedanke durch den Kopf. Nur er und Tiger hatten es geschafft. Was war mit Karottina und Anosmia? Waren sie vielleicht in Gefahr?

Henry wirbelte herum und blickte in alle Richtungen. Außer Bäumen konnte er aber nichts sehen. Bis auf die Knochen und Schädel entlang der Blumenwiese war kein lebendes Wesen in Sicht.

Henry schrie Karottinas Namen, aber nur der Wind rauschte in den Baumkronen und sein Echo hallte zurück. Niemand antwortete ihm.

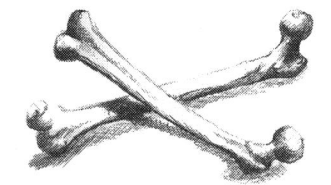

Henry begann der Schweiß am Körper herunterzulaufen.

Kapitel Vierzehn

DIE ÜBERQUERUNG

Henry rannte aufgeregt an den Blumen entlang. Er musste seine Freunde finden. Vielleicht lagen sie schon betäubt in der Blumenwiese.

»Leute, antwortet mir«, schrie er in den Wald. »Lebt ihr noch?«

Er rannte immer weiter, aber niemand war in Sicht. Alle möglichen Gedanken schossen ihm durch den Kopf. Hatte er seine einzige Freundin verloren? Was, wenn Karottina schon tot war? Und wie sollte er es jemals ohne Anosmia aus diesem Wald herausschaffen?

Henry begann der Schweiß am Körper herunterzulaufen, aber er rannte immer weiter. Noch nie in seinem Leben war er so viel und schnell gerannt. Sein Herz hämmerte so stark, dass es sich anfühlte, als würde es ihm aus der Brust springen. Trotzdem lief er weiter. Egal was passieren würde, er würde nicht aufhören. Wenn es auch nur die geringste Chance gab, Karottina und Anosmia zu retten, würde er weiterlaufen.

Zehn Minuten später sah er die beiden endlich in der Ferne.

Henry wurde langsamer und stieß einen erleichterten Seufzer aus. Er lächelte und winkte ihnen zu. Karottina und Anosmia standen auf der anderen Seite der Blumenwiese.

»Geht da nicht rein«, rief Henry. »Das ist gefährlich.«

Er erreichte sie außer Atem und sagte zu Anosmia: »Hör zu, diese Blumen sind diejenigen, die deine Freunde getötet haben.«

Henry erklärte ihnen seine Theorie und was ihm gerade geschehen war. Als er fertig war, lachte Anosmia laut los.

»Das kann nicht sein«, sagte er. »Blumen töten keine Menschen. Ich bin hier schon ein Dutzend Mal durchgegangen, und noch nie ist etwas passiert.«

»Aber sie sprechen sogar mit dir«, sagte Henry.

»Das stimmt«, sagte Anosmia. »Aber sie sind freundlich und bieten mir ein paar Leckereien an.«

»Hast du diese Leckerbissen jemals gegessen?«, fragte Henry.

»Nein«, sagte Anosmia.

»Warum nicht?«, fragte Henry. »Ich glaube nämlich, deine Freunde haben sie gegessen und das hat sie umgebracht.«

Anosmia rieb seine Nase und schaute zu Boden wie ein Kind, dem es peinlich ist zuzugeben, dass es etwas falsch gemacht hat. »Ich habe eine kleine Beeinträchtigung.«

Henry kratzte sich an der Schläfe und fragte sich, was diese Beeinträchtigung sein könnte.

»Bist du ansteckend?«, fragte Karottina und machte einen Schritt von Anosmia weg.

»Nein«, sagte Anosmia. »Ich kann nur nichts schmecken oder riechen. Ich wurde so geboren, und deshalb mag ich Essen nicht besonders. Es schmeckt für mich alles gleich. Deshalb habe ich die Leckereien der Blumen immer ignoriert. Ich hätte ein Stück Papier essen können und es hätte genauso geschmeckt.«

»Aber diese Beeinträchtigung hat dir das Leben gerettet«, sagte Henry. »Die Blumen konnten dich nicht täuschen. Das wussten sie wahrscheinlich und haben dich deshalb erst gar nicht angegriffen.«

»Wir können es ja mal ausprobieren«, sagte Anosmia und lief in die Blumenwiese hinein.

Karottina zog ihn zurück. »Und ich? Wie komme ich dann auf die andere Seite? Ich kann doch nicht einfach da durchlaufen.« Sie zeigte auf die Blumen. »Ich will noch nicht sterben.«

»Du bist eine Karotte«, sagte Henry. »Du bist ja nicht aus Haut und Knochen gemacht. Darum solltest du keine Probleme haben.«

»Und da bist du dir sicher?«, fragte Karottina.

»Nicht wirklich«, sagte Henry.

»Nur weil du annimmst, dass es sicher ist, werde ich das nicht riskieren«, sagte Karottina.

»Vielleicht kannst du einfach drüber fliegen«, sagte Anosmia.

»Echt jetzt?«, fragte Karottina empört. »Wann hast du das letzte Mal eine fliegende Karotte gesehen?«

»Wann habe ich das letzte Mal eine sprechende Karotte gesehen?«, sagte Henry und kicherte. Er stellte sich Karottina als Engelchen vor, wie sie mit ihren Flügeln über die Blumenwiese flatterte.

»Ich meine natürlich nicht *fliegen*, als ob du Flügel hättest«, sagte Anosmia. »Wie wäre es, wenn wir ein Seil an zwei Bäume binden und du über die Blumen gleitest?«

»Das ist eine super Idee«, sagte Henry.

»Ist sie nicht«, sagte Karottina nüchtern. »Weißt du, wo Karotten wachsen?«

»In der Erde«, antwortete Henry.

»Ganz genau«, erwiderte Karottina. »Deshalb habe ich auch Höhenangst.«

»Wenn es für dich in Ordnung ist, unter der Erde zu sein, könntest du dich dann nicht einfach durchgraben?«, fragte

Henry.

Karottina lächelte. »Das ist diesmal eigentlich gar keine schlechte Idee. Warum bin ich da nicht selbst drauf gekommen?« Sie setzte ihren Rucksack ab und bohrte das spitze Ende ihres Körpers in den Boden. Dann begann sie, mit ihren dünnen Beinen im Kreis zu rennen. Eine Sekunde später hoben ihre Füße vom Boden ab und sie drehte sich auf ihrer Spitze in der Luft. Wie eine Rakete, die nach unten statt nach oben geschossen wird, grub sich Karottina in die Erde und schleuderte Erde in alle Richtungen. Anosmia ging hinter einem Baum in Deckung.

»Wow«, sagte Henry. »Ich wusste nicht, dass du so etwas kannst.«

Wie eine Bohrmaschine schoss Karottina in das Loch rein und raus. Sie vergrößerte es immer mehr, bis sie ganz im Boden verschwand.

»Ich hoffe, sie verirrt sich da unten nicht«, sagte Anosmia, nahm Karottinas Rucksack und lief in die Blumenwiese.

Die Blüten begannen sich wieder wie im Wind zu wiegen. Henry bedeckte sofort Mund und Nase mit seinem T-Shirt aus Angst, sie würden ihn wieder mit

Pollen besprühen. Kurz darauf erreichte Anosmia ohne jegliche Probleme Henrys Seite. Die Blumen hörten auf, sich zu wiegen.

Henry zog sein T-Shirt wieder runter und atmete tief ein. Der süße Geruch war verschwunden. »Das war alles viel einfacher als das, was ich vorhin erlebt habe«, sagte er.

Plötzlich bebte der Boden und Erde wurde in die Luft katapultiert. Wie ein Pfeil, der sein Ziel verfehlt hatte, schoss Karottina mit dem spitzen Ende zuerst aus der Erde heraus. Sie schlitterte über den Waldboden, bis sie zum Stillstand kam.

»Das war viel besser, als zu fliegen«, sagte sie und streckte ihre Beine und Arme aus. Sie stand auf und wischte sich den Schmutz aus ihren grünen Blättern. »Die Erde da unten ist sehr schlammig und die Wurzeln dieser Blumen reichen ziemlich weit hinunter.«

»Geht es dir gut?«, fragte Henry. Er war erleichtert, dass sie es geschafft hatte.

Karottina nickte. »Lass uns gehen. Wir müssen immer noch einen Übernachtungsplatz finden.«

Es war schon fast dunkel, als sie anhielten. Leider hatten sie keine ebene Fläche gefunden, wo sie das Zelt hätten aufstellen können. So sammelte Henry Blätter, um sie unter die unterste Plane zu stopfen. Das war zwar etwas bequemer, aber die Wurzeln der Bäume drückten ihm trotzdem die ganze

Nacht in den Rücken.

Als Henry am nächsten Morgen aufwachte, war er immer noch müde. Vielleicht war es der Schlafmangel, aber er war davon überzeugt, dass das viele Rennen entlang der Blumenwiese ihn erschöpft hatte. Er blieb einen Moment im Zelt liegen und lauschte seinem Körper. Er konnte spüren, wie seine Beine pulsierten. Er war in seinem Leben noch nie vorher gerannt, nicht weil er es nicht wollte, sondern weil er es wegen seines Gewichts nicht konnte.

»Aufstehen!«, rief Anosmia und zog den Reißverschluss des Zeltes herunter. »In ein paar Stunden sollten wir Obstopolis erreichen.«

Henry stand auf und kletterte aus dem Zelt. »Sind wir schon so nah?«, fragte er.

Anosmia nickte. »Wenn wir uns jetzt auf den Weg machen, können wir vor Mittag da sein.«

Henry weckte Karottina, die immer noch schnarchend im Zelt lag. Sie packten alle Sachen zusammen und machten sich auf den Weg. Henry fragte sich, ob die Stadt Obstopolis so groß war wie Veggington und ob es dort Wolkenkratzer aus Äpfeln und Birnen gab. Würden vielleicht sogar die Schokoladenwolken über der Stadt schweben? Und würden die Menschen dort genauso freundlich sein wie in Veggington? Wenn sie die Wolken gestohlen hatten, würden sie sie wahrscheinlich nicht freiwillig zurückgeben.

Der Wald begann sich allmählich zu lichten. Die Bäume wurden kleiner und der Abstand zwischen ihnen wurde breiter. Anosmia hatte sie zu einem Pfad gebracht, der sie jetzt aus dem Wald herausführte. Als sie an dem letzten Baum vorbeiliefen, blieb Anosmia stehen.

»Wir sind in Obstopolis angekommen«, sagte er und deutete auf den Weg vor ihm.

Henry schaute sich verwirrt um. Vor ihm lag ein großes Feld, das bis zum Horizont reichte. Ein paar Hütten waren über einen Hügel verstreut, der nur einige Meter hoch war. Hier und da konnte Henry einen kleinen Obstbaum erkennen. Besonders beeindruckend war das Ganze nicht.

»Und wie weit ist es von hier bis zur Stadt?«, fragte Henry. Er blinzelte und versuchte in der Ferne einen riesigen Apfelwolkenkratzer zu sehen.

»Das ist die gesamte Stadt«, sagte Anosmia.

Henry hörte auf zu suchen. Er war enttäuscht. Obstopolis bestand wohl nur aus ein paar Hütten.

»Acht Hütten?«, fragte Henry. »Ist das alles?«

Kapitel Fünfzehn

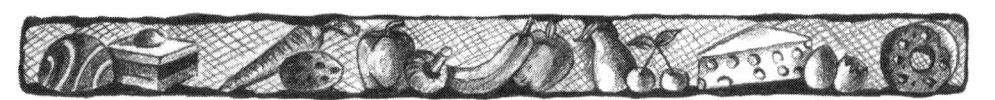

OBSTOPOLIS

Dies sollte das magische dritte Königreich sein? Das Reich, in dem angeblich diese köstlichen Früchte an Bäumen und Büschen wuchsen? Henry schaute sich die struppigen Bäumchen auf dem Hügel an. Es waren so wenige, dass er sie in ein paar Minuten zählen konnte, genau wie die Gebäude.

»Acht Hütten?«, fragte Henry. »Ist das alles?«

»Die Bewohner haben sich über die Jahrhunderte nicht wirklich weiterentwickelt«, sagte Karottina. »Was bin ich froh, dass ich in Veggington lebe.«

Anosmia sagte kein Wort. Er ging den Hügel hinauf und gab Henry und Karottina ein Zeichen, ihm zu folgen.

»Lass uns trotzdem nach der Spur suchen«, sagte Henry zu

Karottina. »Wenigstens ist es einfach, die Schokoladenspur hier zu finden, da es keinen Wald gibt.«

»Ich glaube nicht, dass nach all den Monaten noch Schokolade übrig geblieben ist«, sagte Karottina. »Wenn es welche gegeben hätte, hätte sie schon jemand gefunden und mitgenommen.«

»Da wäre ich mir nicht so sicher«, sagte Anosmia. Er drehte sich um und schaute von der Hügelkuppe zu Henry und Karottina hinunter. »Die Obstopolianer verlassen ihre Stadt nämlich fast nie.«

Henry schnaubte, als sei dies das Lächerlichste, was er je gehört hatte. »Wenn sie aus ihren Häusern treten, sind die Obstopolianer ja schon fast aus ihrer Stadt raus. Es gibt ja gar keine Stadt. Es ist nur eine Ansammlung von Hütten.«

Tiger erreichte die Kuppe des Hügels und begann laut zu miauen.

Anosmia grinste den Kater an. »Kommt erst mal hier hoch«, sagte er zu Henry und zeigte hinter die Kuppe. »Das könnte deine Meinung ändern.«

Henry und Karottina eilten den Hügel hinauf. Als sie die Spitze erreichten, blieb Henry abrupt stehen. Er stand am Rand eines Kraters. Aus der Ferne war er nicht als solcher erkennbar. Henry staunte. Unter ihm lag eine prächtige Stadt.

Der Krater hatte einen Durchmesser von einigen Kilometern. Ein dichter Dschungel mit hohen Bäumen hatte sich in ihm breitgemacht. Aber anstatt Blätter und Äste in den Baumkronen zu haben, hatte jeder Baum eine riesige Frucht auf der Spitze. Es sah aus, als ob lange Spieße in die Erde gesteckt waren und riesige Früchte sich darauf befanden. Äste und Blätter wuchsen nur unterhalb der Früchte, sodass darunter ein verworrenes Dickicht entstanden war. Die Bäume reichten bis an den Rand des Kraters und Henry konnte die Früchte genau sehen. Sie hatten Fenster und Balkone. Brücken erstreckten sich von einem Baum zum anderen.

Henry erinnerte sich an die Beschreibungen der Früchte in der Mythologie von Schlemmerland. So erkannte er Äpfel, Birnen und Pfirsiche. Es war ein herrlicher Anblick, und Henry wünschte sich, er könnte von jeder Frucht einen Bissen nehmen.

»Das ist die Stadt Obstopolis«, sagte Anosmia. »Sie wurde aus Sicherheitsgründen in einen Krater gebaut. Auf diese Weise kann man sie aus der Entfernung nicht sehen.«

»Warum verstecken sich die Obstopolianer?«, fragte Henry.

»Sie verstecken sich vor anderen Arten«, sagte Anosmia. »Aber lass dich nicht von ihrem Körperbau täuschen. Sie können ziemlich kämpferisch sein. Das wirst du noch selbst herausfinden.«

»Was stimmt nicht mit ihrem Körperbau?«, fragte Henry. »Sind sie denn keine Trolle wie du?«

Anosmia lachte. »Nein, sie sind keine Trolle. Wenn sie

Das dritte Königreich
OBSTOPOLIS

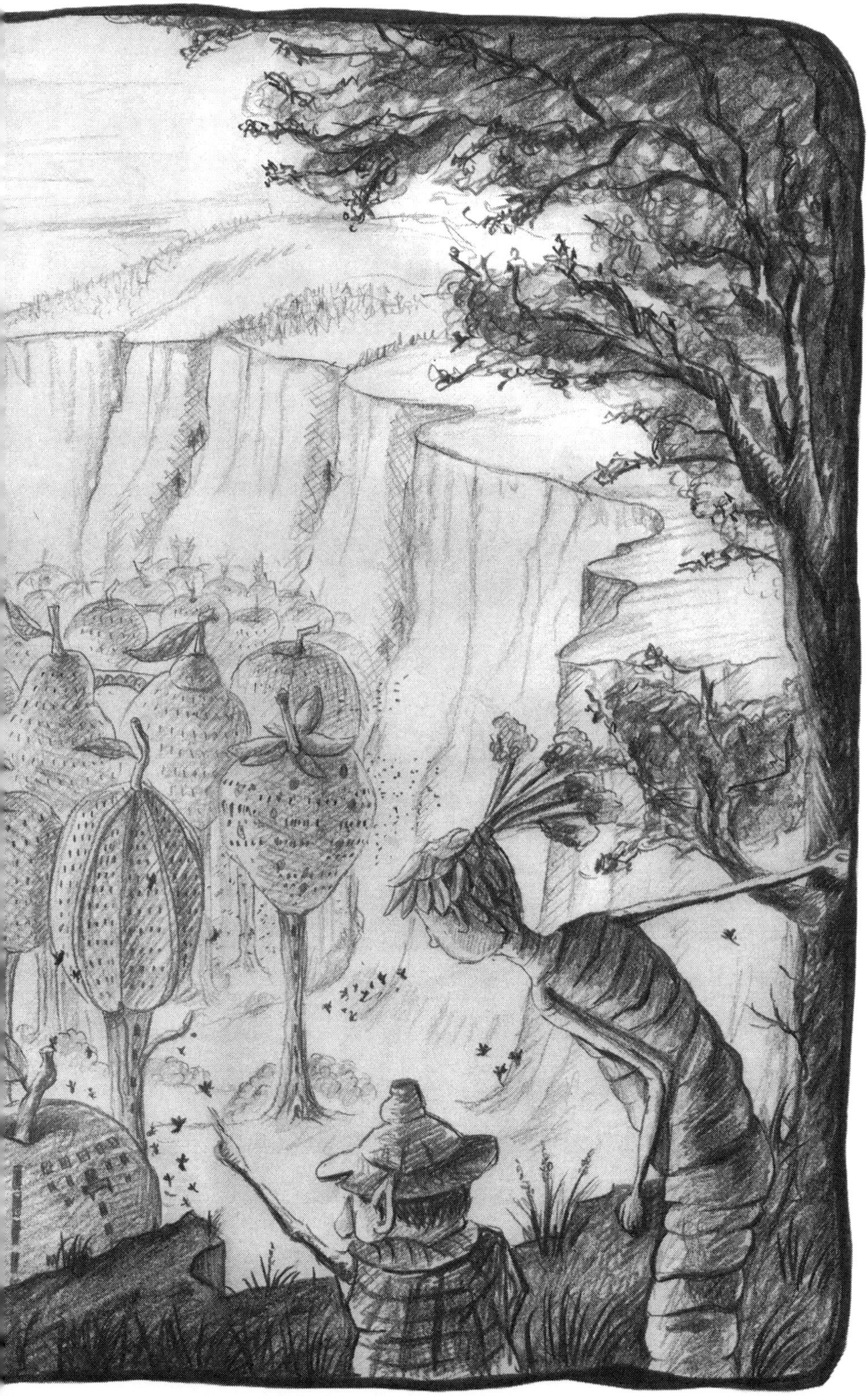

es wären, wäre es viel einfacher gewesen, mit ihnen Handel zu treiben. So hat es aber lange gedauert, bis ich ihr Vertrauen gewonnen hatte.«

»Aber was sind sie dann?«, fragte Henry.

»Sie sind ein winziges Elfenvolk«, sagte Anosmia.

Henry war überrascht zu hören, dass Elfen existierten. Sofort kam ihm aber eine andere Idee in den Kopf. Wenn die Bewohner von Veggington Trolle waren und die von Obstopolis Elfen, was waren dann die Bewohner der Knochenbrecherinsel? Vielleicht waren das ja die Monster, von denen jeder im Zuckerreich dachte, dass sie in den Bergen lebten.

»Weißt du, wer auf der Knochenbrecherinsel lebt?«, fragte Henry.

Anosmia schüttelte den Kopf. »Ich bin noch nie dort gewesen. Selbst die Elfen sagen, es sei zu gefährlich, dorthin zu gehen. Und obwohl sie klein sind, haben diese Kreaturen normalerweise keine Angst.«

Er zeigte auf eine riesige Pflaume, die auf der Spitze von einem der Baumstämme in der Mitte des Kraters wuchs. Die Frucht ragte über alle anderen Bäume heraus und war mit einer goldenen Krone verziert. Da sie zu weit weg war, konnte Henry nicht genau erkennen, was dort vor sich ging. Er sah nur Hunderte von Punkten, die um die Pflaume herumflatterten wie Motten um das Licht.

»Diese Elfen sind zwar nur so groß wie deine Hand, aber lass dich nicht von ihrer Größe täuschen«, sagte Anosmia. »Sie können wirklich gefährlich sein, und sie mögen andere Wesen überhaupt nicht. Trolle, sprechendes Gemüse oder Menschen wie dich sind nicht sehr gut angesehen. Aber sie sind Händler von Natur aus. Also tausche ich Gemüse und Schokolade gegen Früchte. Das mache ich schon seit Jahren so.«

»Einen Moment mal. Wie kannst du seit Jahren Schokolade tauschen?«, fragte Henry. »Du hast doch gesagt, dass du erst vor ein paar Monaten die Schokoladentropfen entdeckt hast.«

Anosmia schaute zu Boden und murmelte: »Ich habe dir nicht die ganze Wahrheit gesagt. Aber jetzt, wo ich euch vertrauen kann, denke ich, dass ich es euch sagen kann.«

»Was willst du mir sagen?«, fragte Henry.

»Ich war schon einmal im Zuckerreich«, sagte Anosmia.

»Wie bitte?«, fragte Henry erstaunt. Er hatte noch nie einen Troll im Zuckerreich gesehen, und er konnte sich auch nicht daran erinnern, dass jemand von einem berichtet hätte.

»Als ich das Zuckerreich zum ersten Mal entdeckte, wurde ich nicht besonders gut empfangen«, sagte Anosmia. »Ich wollte Gemüse gegen Schokolade tauschen und so sprach ich eine Frau in den Feldern an. Sie erschrak so sehr, dass sie um Hilfe schrie. Also musste ich weglaufen.«

»Natürlich. Niemand im Zuckerreich weiß, dass es Trolle gibt«, erklärte Henry. »Wenn du meiner Mutter begegnet wärst, hätte sie sicher mit dir ein Tauschgeschäft gemacht. Sie hat vor nichts

Angst, und sie liebt den Handel. Sie wäre nicht weggelaufen. Wenn sie Gemüse kennen würde, hätte sie es sicherlich angepflanzt.«

»Und wie hast du dann die Schokolade aus dem Zuckerreich bekommen?«, fragte Karottina.

»Ich habe mich nachts ins Königreich geschlichen und habe ein paar Stücke vom Boden aufgesammelt«, antwortete Anosmia.

»Du hast tatsächlich Schokolade von den Feldern meiner Familie gestohlen«, schrie Henry. »Dann hast du vielleicht auch die Schokoladenwolken gestohlen.«

»Ich habe gar nichts gestohlen«, sagte Anosmia. »Die Schokolade im Zuckerreich lag doch einfach auf dem Boden herum.«

»Aber das sind die Schokoladenfelder meiner Mutter«, sagte Henry. »Wenn du die Schokolade einfach mitgenommen hast, dann ist sie gestohlen.«

»Ich wusste ja nicht, dass diese Felder jemandem gehören«, sagte Anosmia. »Und ich habe auch nicht die Schokoladenwolken gestohlen.«

»Da hat er recht«, sagte Karottina und unterbrach den Streit.

Henry drehte sich wütend zu Karottina. »Du warst doch gar nicht dabei. Wie willst du wissen, ob er sie nicht gestohlen hat, und warum verteidigst du ihn überhaupt?«

»Wegen dem hier«, sagte Karottina. Sie hielt ein Stück Schokolade in der Hand.

»Woher hast du das?«, fragte Henry.

»Tiger hat es mir gerade gebracht. Er hat es dort drüben gefunden.« Karottina zeigte auf Tiger, der am Rande des Kraters saß und an einem Stück Schokolade knabberte. »Ich glaube, jemand anderes ist mit den Schokoladenwolken hier vorbeigekommen.«

»Klasse, wir haben die Spur wiedergefunden«, sagte Henry und wendete sich an Anosmia. »Es tut mir leid, dass ich dich verdächtigt habe.«

Anosmia lächelte und nickte kurz.

Henry lief zum Rand des Kraters. Schokolade war über den ganzen Felsen verteilt. Er kniete sich hin und untersuchte sie. Als er sich über den Rand beugte, bemerkte er, dass die Schokolade an der steilen Wand entlang in den Krater hinuntergetropft war.

»Es sieht so aus, als hättest du recht Karottina«, sagte Henry. »Die Schokoladenwolken sind über den Krater geflogen. Wir müssen nur noch die Richtung herausfinden.« Er stand wieder auf und blickte Anosmia an. »Wir müssen mit den Elfen sprechen. Sie könnten wissen, in welche Richtung die Wolken gezogen sind. Wir könnten den Elfen ein paar von meinen Samen im Austausch geben.«

Henry erkannte, wie sich Panik in Anosmia breitmachte.

»Du kannst ohne Erlaubnis nicht einfach mit den Elfen sprechen«, sagte Anosmia.

»Erlaubnis? Von wem denn?«, fragte Karottina.

»Von der einzigartigen Herrscherin von Obstopolis«, sagte Anosmia. »Königin Damaskino.«

»Ich würde eine perfekte Prinzessin abgeben.«

Kapitel Sechzehn

KÖNIGIN DAMASKINO

»Die Elfen haben eine Königin?«, fragte Karottina ganz aufgeregt. »Ich liebe Königinnen. Ich würde eine perfekte Prinzessin abgeben.« Sie ordnete ihre Blätter und bauschte sie auf, bis sie wie eine Krone aussahen. »Ich würde spektakulär mit königlichen Accessoires aussehen.«

»Naja«, sagte Henry skeptisch. Karottina sah immer noch wie eine Karotte mit Blättern für ihn aus. Sie war ein Schatz, aber keine Prinzessin.

»Wenn du eine Krone in deine Blätter steckst, könnten die Leute sie für einen Schäler halten. Dann ziehen sie dir die Pelle ab«, sagte Anosmia.

»Pöh! Was weißt du schon«, sagte Karottina und warf ihre

Blätter über die Schultern.

Anosmia lachte laut los.

Karottina drehte sich mit ausgestrecktem Zeigefinger zu Anosmia. »Wehe, du lachst noch einmal.«

Anosmia hörte auf. »Natürlich, Eure Hoheit«, sagte er und grinste.

Karottina stieß ein weiteres *Pöh!* aus und drehte sich weg.

»Kommt! Wir müssen los. Obstopolis wartet auf uns«, sagte Henry. »Wir müssen unbedingt mit den Elfen sprechen.«

»In Ordnung «, sagte Anosmia. »Aber ihr müsst euch verstecken, wenn ich es euch sage.«

Henry und Karottina nickten.

»Es gibt nur einen einzigen Elf, mit dem wir reden können«, fuhr Anosmia fort. »Er ist nicht wie die anderen. Er hält sich nicht an die Regeln von Königin Damaskino. Er ist ein Freidenker.«

»Okay, Hauptsache, er gibt uns ein paar Samen«, sagte Henry.

Anosmia führte sie in den Krater entlang eines gewundenen Pfads, der von Büschen gesäumt war. Als sie plötzlich ein Summen hörten, schubste Anosmia Henry und Karottina in die Büsche. Tiger schoss hinter ihnen her und versteckte sich hinter Karottina.

»Stimmt was nicht?«, fragte Henry.

»Dieses Geräusch machen Elfen, wenn sie mit den Flügeln flattern«, flüsterte Anosmia.

»Ach so«, sagte Henry. »Dann verstecken wir uns immer, wenn wir es hören.«

»Ich glaube, sie sind weg«, sagte Anosmia. Henry und Karottina kamen wieder aus dem Gebüsch hervor.

Etwa eine Stunde später erreichten sie den Grund des Kraters. Der Wald hier sah ganz normal aus, war aber sehr zugewachsen. Er erinnerte Henry ein bisschen an den Veganerwald. Der einzige Unterschied war, dass die Bäume hier riesige Früchte auf den Spitzen trugen. Henry konnte die summenden Geräusche der Elfen hoch oben in den Baumwipfeln hören.

»Sie leben dort oben«, sagte Anosmia. »Nur selten kommen sie herunter.«

»Ich werde hier auf keinen Baum klettern«, sagte Karottina empört. »Ich habe schreckliche Höhenangst.«

»Ja, das wissen wir jetzt«, sagte Anosmia mit einem Grinsen. »Du bist die Erdreichprinzessin.«

»Pöh!«, sagte Karottina. »Was weißt du denn schon.«

»Zu deiner Beruhigung, wir müssen da nicht hochklettern«, fuhr Anosmia fort.

»Milo wird runterkommen.«

»Ist das der Elf, den du kennst?«, fragte Henry.

Anosmia nickte und klopfte an einen der Baumstämme.

Henry hörte ein Summen, das sich von oben näherte. Er wollte gerade hinter einen Busch springen, als Anosmia ihn an den Ärmeln zurückzog.

»Das ist nur Milo. Sein Haus ist da oben. Er kommt jetzt runter«, sagte Anosmia und deutete auf den riesigen Apfelbaum über ihm.

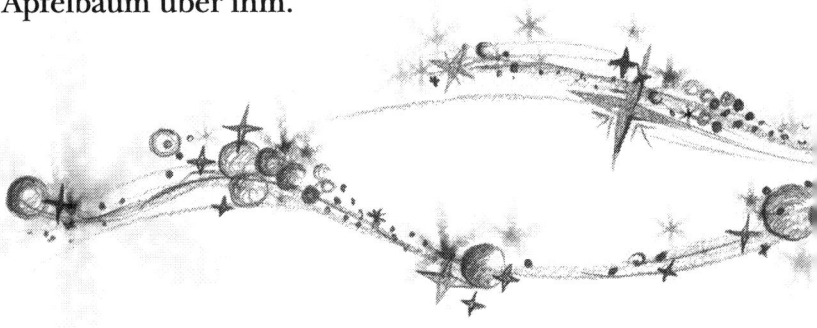

»Sicher ist er ein richtiger Prinz«, sagte Karottina mit einem sehnsüchtigen Seufzer.

Henry rollte mit den Augen und schaute nach oben. Er sah ein Licht in den Bäumen, das auf sie zusteuerte. Den Bruchteil einer Sekunde später folgte ein ganzer Schwarm.

»Warum kommen da so viele Elfen?«, fragte Henry.

Anosmia starrte mit weit aufgerissenen Augen nach oben. »Ach du grüne Neune! Da stimmt was nicht«, sagte er und zeigte auf einen Busch in der Nähe. »Versteckt euch sofort.«

Henry schnappte sich Tiger und sprang in den Busch. Karottina folgte ihnen.

Anosmia trat näher an den Stamm des Baumes. »Was auch immer passiert, seid still«, sagte er.

Henry beobachtete, wie sich der erste Lichtpunkt näherte. Es sah aus, als würde er von einem Schwarm Lichtern gejagt werden. Wenn das Anosmias Freund Milo war, steckte der Elf sichtlich in Schwierigkeiten.

»Renn! Verschwinde von hier«, ertönte eine Stimme aus dem Licht.

Henry beobachtete, wie ein Elf so groß wie eine Handfläche mitten in der Luft abrupt zum Stillstand kam. Er schwebte vor Anosmias Gesicht.

»Königin Damaskino hat ihre Wachen geschickt«, sagte Milo mit piepsender Stimme. »Sie duldet keinen Widerstand gegen ihre Herrschaft. Sie hat in den letzten Monaten alle verhaftet, die gegen sie waren. Es wird immer gefährlicher in Obstopolis.«

In diesem Augenblick schlugen winzige Pfeile neben Anosmia in den Boden ein.

»Nehmt sie fest!«, brüllte eine Stimme durch den Wald. »Er hat einen Spion in unsere Stadt gelassen.«

»Sie haben dich entdeckt«, sagte Milo zu Anosmia. »Du musst von hier verschwinden. Lauf!«

»Aber ich habe zwei Freunde dabei«, sagte Anosmia. »Sie haben sich in den Büschen versteckt.«

»Ich kümmere mich um sie«, sagte Milo, während Anosmia zurück auf den Pfad rannte.

Der kleine Elf flatterte auf Henry und Karottina zu. Henry kroch tiefer in die Büsche hinein, als Milo durch die Blätter schoss. Henry zuckte zusammen, als der Elf nur ein paar Zentimeter vor seiner Nase zum Stehen kam.

»Wer auch immer du bist, bleib ruhig und komm nicht raus, bevor ich dich hole«, flüsterte Milo. Er drehte sich einmal in der Luft und schoss auf der anderen Seite der Büsche wieder raus.

Eine Truppe von zehn Elfen kam etwa einen Meter über dem Boden zum Stehen. Sie trugen schwere Rüstungen und hatten Bögen in den Händen.

»Dort ist er!«, rief einer der Wächter.

Die gesamte Truppe schoss hinter Milo und Anosmia her. Schreiend jagten die Elfen sie den Pfad hoch und versuchten sie mit Pfeil und Bogen zu treffen. Ein paar Sekunden später waren alle verschwunden.

Henry sah Karottina verängstigt an. Sie hatte beide Hände auf den Mund gepresst und sah aus, als wäre sie zu einem Eisblock gefroren. Henry wagte es nicht, sich zu bewegen. Er zitterte bei dem Gedanken, dass er von den Pfeilen hätte getötet werden können. Er lauschte, aber außer Karottinas Atmen und seinem eigenen Herzschlag konnte er nichts hören. Das Summen war verschwunden und Anosmia auch.

»Ich glaube, wir sind in Sicherheit«, flüsterte Henry.

Karottina nahm die Hände vom Mund und fragte: »Was sollen wir jetzt tun?«

»Milo hat gesagt, wir sollen warten«, sagte Henry.

»Das hab' ich gehört«, sagte Karottina. »Aber was ist, wenn sie ihn fangen und er nicht zurückkommt?«

Henry zuckte mit den Schultern und versuchte sich zu beruhigen. Sein Herz hämmerte immer noch stark. Er hatte keine Ahnung, was sie tun sollten. Sie hatten gerade einen Angriff überlebt und Henry fragte sich, ob die Schokoladenwolken oder die Obstsamen das alles wert waren.

»Ich glaube, wir haben keine andere Wahl, als jetzt einfach abzuwarten«, sagte Henry.

Milo schwebte vor seiner Nase.

Kapitel Siebzehn

DER ELF MILO

Henry und Karottina warteten in den Büschen. Die Zeit verging sehr langsam. Es kam Henry wie eine Ewigkeit vor. Tiger lag auf seinem Schoß zusammengerollt und schlief tief und fest.

Schließlich wurde es dunkel, und Henry kämpfte damit, seine Augen offen zu halten. Karottina war bereits am Schlafen, aber Henry versuchte, wach zu bleiben. Er dachte an Anosmia und Milo und fragte sich, was passiert wäre, wenn die Wachen sie erwischt hätten. Wären sie Gefangene der Königin Damaskino geworden? Aber die wichtigste Frage war, was würde jetzt aus ihm und Karottina werden?

Henry wollte gerade seine Augen schließen und etwas schlafen, als er ein Summen hörte. Er setzte sich auf und stupste Karottina an.

»Aufwachen«, sagte Henry. »Ich glaube, der Elf ist in der Nähe.«

Karottina nickte und beide lauschten dem näher kommenden Summen.

Plötzlich schoss etwas durch die Blätter. Bevor Henry reagieren konnte, schwebte Milo bereits vor seiner Nase.

Sein ganzer Körper leuchtete wie ein Glühwürmchen und seine spitzen Ohren wackelten. Seine winzigen Flügel flatterten so schnell, dass sie kaum zu sehen waren.

»Ich bin so froh, dass ihr noch hier seid«, sagte Milo. »Anosmia hat es geschafft zu entkommen.«

Henry stieß einen erleichterten Seufzer aus. »Das ist großartig. Ich hatte schon Angst, dass sie ihn erwischen. Dann lass uns schnell gehen. Anosmia wartet sicher auf uns außerhalb des Kraters.«

»Das geht nicht«, sagte Milo. »Ihr steckt hier fest.«

»Wie meinst du das?«, fragte Karottina.

»Königin Damaskino hat alle Eingänge zum Krater geschlossen«, antwortete Milo. »Sie will sicherstellen, dass keine Fremden ohne ihre Erlaubnis die Stadt betreten. Sie hat Angst, dass Samen aus der Stadt gestohlen werden und sie ihr Obstmonopol verliert. Die Wachen kontrollieren jetzt jeden Zugang.«

»Aber wir können doch nicht hierbleiben«, sagte Henry. »Ich brauche nur ein paar Samen und dann will ich nach Hause.«

»Königin Damaskino lässt im Moment niemanden rein oder raus«, sagte Milo. »Samen aus Obstopolis zu entfernen, wird jetzt mit dem Tod bestraft.«

»Wenn ich schon keine Samen bekommen kann, dann muss ich wenigstens die Schokoladenwolken finden. Hast du eine Ahnung, wo die sein könnten?«, fragte Henry. Er dachte daran, wie wichtig es war, seiner Mutter etwas mitzubringen, damit sie ihm wieder mehr Aufmerksamkeit schenkte.

»Fallen aus diesen Wolken Schokoladentropfen?«, fragte Milo.

»Ja genau«, sagte Henry.

»Dann glaube ich, dass ich sie gesehen habe«, sagte Milo und flatterte einmal um Henrys Kopf herum. »Eines Abends wurde mein Balkon von einem dicken Schokoladentropfen getroffen. Ich bin daraufhin aus dem Krater geflogen, um zu sehen, woher er kam. Als ich den Kraterrand erreichte, sah ich nur noch ein paar Wolken in der Ferne.«

»Das waren die Schokoladenwolken«, sagte Henry. »Hat sie jemand an einem Seil weggezogen?«

»Das konnte ich nicht genau sehen«, sagte Milo. »Es war bereits dunkel und es war zu weit weg. Aber ich weiß, in welche Richtung sie gezogen sind.«

Henry sprang auf und kam aus den Büschen heraus. »Bitte sag' es mir!«

»Sie zogen in Richtung der Knochenbrecherinsel«, sagte Milo.

Henrys Herz blieb fast stehen. Er hatte schon befürchtet, dass die Monster von der Knochenbrecherinsel die Wolken gestohlen hatten, aber jetzt wusste er es mit Sicherheit.

»Dann muss ich dorthin«, sagte Henry mit einem mulmigen Gefühl im Magen. Er wollte nicht auf diese Insel, aber jetzt hatte er keine andere Wahl.

»Ihr werdet für ein paar Wochen nirgendwo hingehen, es sei denn, ihr wollt ins Gefängnis geworfen werden«, sagte Milo. »Ihr werdet euch verstecken müssen, bis sich die ganze Situation beruhigt hat und die Grenzen wieder offen sind.«

»Und was ist mit dir?«, fragte Karottina. »Versuchen die Wachen dich nicht auch gefangen zu nehmen?«

»Ich habe gute Kontakte in der Regierung, die mich beschützen«, sagte Milo. »Königin Damaskino wird mich nicht so einfach verhaften können, ohne eine Menge Leute zu verärgern. Aber erst einmal werde ich mich bedeckt halten und eine Weile abwarten.«

»Aber wo sollen wir bleiben?«, fragte Henry. »Dein Haus ist ja etwas zu klein für uns.«

»Ich habe schon vor Jahren damit begonnen, einen Unterschlupf vorzubereiten für den Fall, dass die Situation mit Königin Damaskino schlimmer wird«, sagte Milo. »Folgt mir! Ich bringe euch zu den Höhlen.«

Henry war enttäuscht. Würde er von nun an in einer Höhle leben müssen? Er stellte sich ein dunkles, schwarzes Loch vor, in dem Wasser von der Decke tropfte und Schlamm den Boden bedeckte. Er hatte doch nur ein paar Samen aus Obstopolis holen wollen und wäre dann wieder zurück zu seiner Mutter gegangen. Aber jetzt hatte sich alles geändert. Da er keine Obstsamen bekam, musste er nun die Knochenbrecherinsel finden.

Aber selbst das konnte er jetzt nicht tun. Auch wenn die Insel immer sein schlimmster Albtraum gewesen war, war sie immer noch besser, als in einer Höhle zu sitzen und zu warten. Die Knochenbrecherinsel klang gefährlich, aber zumindest wäre sie das Ende seiner Reise. Die Schokoladenwolken waren jetzt zum Greifen nah und in Obstopolis festzusitzen, war das Schlimmste, was Henry hätte passieren können.

Milo flatterte vor Henry und Karottina her und leuchtete ihnen den Weg durch die Dunkelheit. Tiger folgte ihnen. Ab und

DER ELF MILO

Henry konnte lange Reihen von Bäumen sehen.
Ihre Blätter funkelten im Mondlicht.

zu hörte Henry ein Summen in der Ferne. Aber er musste keine Angst mehr haben, da er sehr weit von den Wachen entfernt war.

Milo führte Henry und Karottina weg von den Häusern der Elfen. Die Landschaft veränderte sich, je weiter sie sich vom Zentrum entfernten. Henry konnte lange Reihen von Bäumen sehen. Ihre Blätter funkelten im Mondlicht.

»Hier bauen wir unsere Früchte an«, erklärte Milo. »Leider haben wir hier unten nur sehr wenig Platz. Vor einiger Zeit habe ich den Obstopolianern vorgeschlagen, dass wir Bäume außerhalb des Kraters pflanzen, aber sie hatten alle Angst, dass der Anbau die Aufmerksamkeit auf den Krater selbst lenken könnte. Unsere Feinde könnten herausfinden, dass die Stadt von winzigen Elfen regiert wird, und das könnte uns alle gefährden. Ich war der Einzige, der dann ein paar Hütten baute und einen Obstgarten anlegte.«

Henry erinnerte sich daran, wie er die Felder zum ersten Mal gesehen hatte. Er war so enttäuscht gewesen, dass es nur ein paar Hütten und kleine Obstbäume gab. Jetzt verstand er, warum nicht mehr davon existierten.

Henry starrte die langen Reihen von Obstbäumen an. Er wünschte sich, er könnte einfach ein paar Samen, Früchte oder Ableger von den Bäumen nehmen und sofort nach Schoko-Locoville zurückgehen.

»Sind wir endlich da?« Karottina unterbrach Henrys Gedanken. »Ich werd' langsam müde.«

»Ja, wir sind da«, sagte Milo und zeigte auf ein Loch in der Seitenwand des Kraters.

Sie ragte steil wie eine Klippe hoch in den Himmel. Niemand hätte da hinaufklettern und dem Krater entkommen können. An manchen Stellen wuchsen Moos und kleine Sträucher und auf schmalen Vorsprüngen am Kraterrand ragten kleine Bäume empor.

Die Höhle war teilweise von Bäumen überwuchert, die den Eingang gut verbargen.

»Geht es da raus?«, fragte Henry.

»Nein, das ist eine Höhle«, sagte Milo. »Ihr werdet ein paar Wochen dort drinnen bleiben, bis sich die Lage beruhigt hat.«

»Wochen?« Karottina schrie entsetzt. »Ich kann doch nicht wochenlang hierbleiben. Ich habe einen Job in Veggington.«

Milo blieb flatternd in der Luft stehen und starrte Karottina mit seinen blauen Augen an. Es sah fast aus, als wolle er sie hypnotisieren. »Du wirst hierbleiben müssen«, sagte er leise.

»Ich bin mir sicher, dass es eine andere Lösung gibt«, sagte Karottina.

»Natürlich gibt es die«, sagte Milo mit ernster Stimme.

»Siehst du«, sagte Karottina und wendete sich fröhlich an Henry. Sie lächelte. »Ich habe es dir doch gesagt. Es gibt immer Alternativen.« Sie hüpfte aufgeregt auf und ab und pfiff. »Dann rück mal raus mit der Sprache. Was ist die Alternative?«

»Der Tod«, sagte Milo nüchtern. »Den kannst du gerne vorziehen, wenn du nicht bleiben willst.«

Milo flatterte um Henrys Kopf herum und lächelte

Kapitel Achtzehn

DIE HÖHLE

Karottinas Lächeln verschwand augenblicklich und sie blieb stehen. Sie versuchte, etwas zu sagen, aber aus ihrem Mund kam nichts als Stottern.

»Ich bin sicher, Milo weiß, was das Beste für uns ist«, sagte Henry. »Wenn die Wachen die Eingänge zum Krater kontrollieren, bleiben wir besser in dieser Höhle.« Er seufzte und ging auf das dunkle Loch zu. »Ich hoffe nur, wir bekommen etwas zu essen, während wir dort drinnen sind.«

Milo flatterte um Henrys Kopf herum und lächelte. »Mach dir keine Sorgen. Es wird für alles gesorgt sein.«

»Dann lass uns reingehen«, sagte Henry und kletterte auf einen der Felsbrocken, der zur Höhle hinaufführte. Er hielt sich an einem der Äste fest und zog sich hoch, bis er direkt vor dem

DIE HÖHLE

Eingang stand. Karottina und Tiger folgten ihm.

Henry blickte in das schwarze Loch und versuchte zu erkennen, was sich im Inneren der Höhle befand, aber das Mondlicht drang nicht weit genug hinein. Als ein modriger Geruch aus dem Eingang wehte, seufzte Henry. Er wünschte sich, er wäre in seinem warmen Bett in Schoko-Locoville geblieben. Aber jetzt konnte er nichts mehr ändern. Er machte einen Schritt in die Höhle.

Es war völlig dunkel um ihn herum. Der modrige Geruch verstärkte sich und eine kühle Brise wehte ihm ins Gesicht. Milo flatterte an Henry vorbei und verschwand im Innern. Das Licht, das von seinem Körper ausging, verstärkte sich und erhellte innerhalb von wenigen Sekunden die gesamte Höhle.

Henry sah sich um. Außer Felsen gab es nichts Erwähnenswertes. Karottina trat in die Höhle und stieß einen großen Seufzer aus.

»Das ist so deprimierend«, sagte sie. »Hier gibt es ja nichts.«

»Du bist eine Karotte«, sagte Henry. »Du musst dich doch unterirdisch wohlfühlen.«

»Nur mit einer schönen Schicht warmer Erde um mich herum«, sagte Karottina. »Aber hier gibt es ja nur Felsen.«

Henry drehte sich zu Milo um, der jetzt an einer glatten Wand am Ende der Höhle entlang schwebte. »Wie sollen wir hier schlafen und uns waschen?«, fragte Henry. »Es gibt hier weder ein Bett noch eine Badewanne.«

Milo lächelte und flog in kreisförmigen Bahnen vor der glatten Wand. »Keine Sorge, es wird euch gut gehen.«

»Nein, das glaube ich nicht«, rief Karottina. »Ich will nicht in einem kalten dunklen Loch leben.«

»Entspann dich, das wirst du nicht«, sagte Milo und zog weiter seine Bahnen. Mit jedem vollendeten Kreis erhöhte er seine Geschwindigkeit. Plötzlich begann die glatte Wand zu glühen.

Henry und Karottina sprangen zurück und versteckten sich hinter einem Felsen. Tiger saß auffallend unbeeindruckt vor der Wand und miaute.

Das Glühen wurde intensiver, bis sich plötzlich der Felsen in eine Tür verwandelte. Milo hörte auf, seine Kreise zu ziehen. »Geschafft!«, sagte er.

Henry und Karottina kamen aus ihrem Versteck hervor.

»Was ist das?«, fragte Henry.

»Das ist der Eingang zum Hauptquartier des Widerstandes«, sagte Milo. »Viele meiner Anhänger mussten vor der Königin fliehen und so haben wir diesen Zufluchtsort gebaut.«

Henry war außer sich vor Freude, dass es in dieser Höhle mehr als nur Steine und Felsen gab. Vielleicht musste er ja doch nicht auf einem moosbewachsenen Steinboden schlafen.

Milo öffnete die Tür. Ein schwaches Licht strahlte ihnen entgegen. Henry konnte einen Tunnel sehen. Die Wände waren glatt und erinnerten ihn eher an einen alten Keller als an eine Höhle.

»Bitte nach euch«, sagte Milo und deutete auf den Tunnel.

Henry und Karottina traten ein. Milo folgte ihnen, schloss die Tür hinter sich und flatterte wieder in Kreisen vor dem Eingang. Kaum war die Tür verschwunden, erschienen Lichter auf dem Boden, die sich durch den Tunnel schlängelten und offensichtlich den Weg wiesen.

»Lasst uns gehen und euer neues Zuhause ansehen«, sagte Milo und sauste den Tunnel hinunter.

Als sie das Ende des Tunnels erreicht hatten, konnte Henry kaum seinen Augen trauen. Vor ihm lag eine riesige Tropfsteinhöhle, in der Obstbäume wuchsen. Tausende von Lampen an der Decke erzeugten ein natürlich wirkendes Licht. Die Höhle war so groß, dass Henry nicht einmal sehen konnte, wo sie endete. Kleine Hütten standen inmitten der Felder, auf denen Beeren an Sträuchern wuchsen. Elfen flatterten überall herum, pflückten die Beeren und sammelten sie in Körben. Tiger stürzte sich sofort in die Felder und jagte hinter einem Schmetterling her.

»An diesem Ort werdet ihr bleiben«, sagte Milo und deutete auf eine gemütlich aussehende Hütte in einem Heidelbeerfeld. »Ihr werdet dort alles finden, was ihr braucht. Unsere Anhänger werden sich um euch kümmern.«

»Hier könnte ich es eine Weile aushalten«, rief Karottina erfreut, als sie den Hügel hinunter zur Hütte hüpfte. »Das ist ja ein Traum hier.«

»Danke, Milo. Ich weiß nicht, was wir ohne dich getan hätten«, sagte Henry. »Wir warten dann hier solange, bis es sicher ist, nach Veggington zurückzukehren.«

»Gern geschehen«, sagte Milo. Er flatterte ein Stückchen näher an Henrys Gesicht heran und stupste sanft seine Nase an. »Genieß die Zeit hier, bevor du auf die Knochenbrecherinsel gehst«, sagte er und flatterte noch ein letztes Mal um Henrys Kopf herum. »Ich muss jetzt nach Hause.« Milo schoss zurück in den Tunnel. »Ich werde euch auf dem Laufenden halten, was Königin Damaskino macht«, rief er, bevor er verschwand.

In den folgenden Tagen machten Henry und Karottina es sich in ihrem neuen Heim gemütlich. Es war ein hübsches kleines Landhaus mit allen notwendigen Ausstattungen. Die Betten waren weich und hatten flauschige Laken, eine voll ausgestattete Küche gab es, ein sauberes Bad und ein geräumiges Wohnzimmer. Jeden Morgen kam die Lieferantenelfe vorbei und brachte die

Lebensmittel für den Tag.

Karottina fiel es allerdings schwer zu kochen, da die Zutaten für viele ihrer Gerichte fehlten. Anosmia hatte offensichtlich nur ein paar Gemüsepflanzen gegen Obst getauscht und so konnte Karottina nur manche ihrer Gerichte zubereiten. Aber dafür lernte sie viele Früchte kennen, die sie vorher noch nie gesehen hatte. Ohne die Hilfe einiger Nachbarelfen hätte Karottina nicht gewusst, was sie mit so mancher Frucht hätte anfangen sollen.

Henry hatte noch nie Früchte probiert und so war es eine angenehme Überraschung für ihn, dass sie so süß wie manche Leckereien aus dem Zuckerreich waren. Selbst einige der Früchte, die er anfangs nicht so sehr mochte, schmeckten nach einiger Zeit ziemlich lecker.

Um sich zu beschäftigen, verbrachte Henry viel Zeit mit Karottina in der Küche und lernte einige ihrer Rezepte kennen. Er wollte so viel wie möglich über das Kochen wissen, bevor er nach Schoko-Locoville zurückkehrte. Vielleicht konnte er seine Mutter davon überzeugen, mit den Samen, die er zurückbringen würde, etwas Gemüse anzubauen. Das würde nicht nur ihr guttun, sondern auch die Gesundheit der gesamten Bevölkerung verbessern. Vielleicht könnten sie sogar mit Anosmia ein Geschäft machen und so regelmäßig Süßigkeiten gegen Gemüse tauschen.

Aber was wäre, wenn Anosmia etwas zugestoßen wäre? Henrys Magen krampfte sich zusammen. Er fühlte sich schuldig, dass er Anosmia in all das hineingezogen hatte. Der Troll war zwar

Königin Damaskino entkommen, aber hatte er es auch durch den Veganerwald geschafft?

»Glaubst du, Anosmia ist in Ordnung?«, fragte Henry. Er saß gerade in der Küche und sah zu, wie eine Nachbarelfe Karottina ein Rezept für ein Obstsalatdressing beibrachte.

»Ich hoffe es«, sagte Karottina. »Wegen des Lockdowns wird er erst einmal nicht hier auftauchen.«

Henry nickte. »Ich hatte gehofft, er würde mich bis zur Knochenbrecherinsel bringen. Jetzt wissen wir ja, dass die Monster der Insel die Schokoladenwolken gestohlen haben.«

»Die Knochenbrecherinsel?«, fragte die Nachbarelfe und blieb wie versteinert in der Luft stehen. Nur ihre kleinen Flügel flatterten. Sie schaute Henry mit weit aufgerissenen Augen an. »Niemand will da hin. Dort ist es sehr gefährlich.«

»Warum sagen das immer alle?«, fragte Henry. »Niemand kann mir sagen, was auf der Insel so gefährlich ist.«

Die Elfe schwebte näher an Henrys Ohr. Als ob jemand ihnen nachspionieren könnte, flüsterte sie mit hoher Stimme: »Dort wird alles Lebende abgeschlachtet. Die Bewohner sind Fleischfresser.«

Die Elfe flatterte zu einem Korb mit Blaubeeren, nahm einige heraus und ließ sie in die Schale fallen.

Kapitel Neunzehn

MILCHPRODUKTE

Gerthy und Tom hatten Henry erzählt, dass die Bewohner der Knochenbrecherinsel Kannibalen waren. Aber war das wirklich wahr? Er konnte nicht glauben, dass es in einem der Königreiche üblich war, Menschen zu fressen. Vielleicht war es ja nur eine Legende. »Essen sie wirklich Menschen?«, fragte Henry.

»Ich weiß nicht genau, was sie essen«, sagte die Elfe. »Das sind alles nur Gerüchte. Aber eins weiß ich genau, sie haben etwas geschaffen, was wir Milchprodukte nennen. Diese stammen von Tieren.«

Henry war überrascht, dass es eine Art von Nahrung gab, von der er noch nie gehört hatte. Milchprodukte waren in der

Mythologie von Schlemmerland nie erwähnt worden.

»Was sind denn Milchprodukte?«, fragte Henry.

»Manche Tiere haben eine weiße Flüssigkeit in ihrem Inneren. Das nennt man Milch. Die Monster machen viele Dinge aus dieser Milch«, erklärte die Elfe. »Sie produzieren daraus Käse, Joghurt und Butter. Und sie kochen auch die Eier von Hühnern.«

Henry hatte noch nie etwas von diesen Produkten gehört. Das Einzige, was er kannte, waren Eier. Sie wurden im Zuckerreich für alle möglichen Arten von Kuchen verwendet. Aber Henry hatte sich nie Gedanken darüber gemacht, woher die Eier kamen, denn er hatte noch nie ein Huhn gesehen. Entweder waren irgendwo im Zuckerreich Hühner versteckt oder die Eier wurden heimlich von der Knochenbrecherinsel ins Zuckerreich geschmuggelt.

»Wie schmecken diese Milchprodukte?«, fragte Henry.

»Jedes Produkt schmeckt anders«, sagte die Elfe. Sie flatterte näher an Henrys Ohr und flüsterte: »Ich habe mal einen Käse probiert. Er wurde nach Obstopolis geschmuggelt. Aber sag es niemandem, sonst verhaften sie mich vielleicht. Es war eines der köstlichsten Dinge, die ich je probiert habe.«

»Warum sagen dann alle, dass die Bewohner der Knochenbrecherinsel Menschen abschlachten?«, fragte Henry. »Es klingt, als würden sie dort nur verschiedene Arten von Lebensmittel produzieren.«

Die Elfe flatterte zu einem Korb mit Blaubeeren, nahm einige heraus und ließ sie in die Schale fallen, die Karottina in der Hand hielt. »Du musst ein paar Blaubeeren dazugeben.« Dann drehte sie sich wieder zu Henry um und schaute ihn mit durchdringendem Blick an. »Jeder hat Angst, weil sie die Hühner auch essen. Sie reißen ihnen die Flügel ab und fressen sie auf. Und die Kühe werden geschlachtet und ihre Innereien werden gegessen.«

»Das klingt wirklich gruselig«, sagte Henry. Ein Schauer lief ihm über den Rücken. »Schlachten und fressen sie auch Menschen?«

»Das weiß ich nicht«, sagte die Elfe. »Aber wenn sie Kühe und Hühner fressen, dann vielleicht auch Trolle und Elfen.«

Henry wusste nicht, was er davon halten sollte. Er war sich nicht sicher, wo er die Grenze zwischen blutigen Monstern und Fleischessern ziehen sollte. War es in Ordnung, eine Kuh zu essen, aber nicht eine Elfe? Vielleicht hatten die Monster der Knochenbrecherinsel ähnliche Probleme wie er. Vielleicht hatten sie keine anderen Lebensmittel und mussten das essen, was es gab. Das alles war sehr kompliziert und Henry müsste darüber länger nachdenken. Er würde einen Spaziergang machen und so verließ er die Küche.

MILCHPRODUKTE

Die Monate vergingen wie im Fluge, aber die Natur veränderte sich nicht. Die Felder blieben grün und die Ernte ging weiter. Das Leben in einem riesigen unterirdischen Gewächshaus hatte den Vorteil, dass es weder kalt wurde noch regnete. Henry hatte viel Zeit, um über Lebensmittel nachzudenken und darüber, was die Bewohner der Knochenbrecherinsel aßen. Ehe er es sich versah, waren drei Monate vergangen. Milo war gelegentlich vorbeigekommen und hatte sie über die Situation draußen informiert. Aber es schien, dass Königin Damaskino ihre Macht in der Stadt ausgeweitet hatte und es gab keinen Weg nach draußen.

Eines Morgens saßen Henry und Karottina am Kamin und aßen eine Mango. Ohne anzuklopfen schoss plötzlich die Nachbarelfe ins Haus. Sechs Elfen in Rüstungen begleiteten sie. »Wir müssen sofort von hier verschwinden«, sagte sie panisch. »Königin Damaskino hat unser Versteck entdeckt. Wir bereiten uns jetzt auf Krieg vor.«

Henry sprang auf und Karottina erstarrte auf der Stelle.

»Wie können wir helfen?«, fragte Henry.

»Wir müssen alle evakuieren«, sagte einer der Elfen in Rüstung. »Bitte folgt uns. Wir bringen euch hier raus.«

Henry zog Karottina von ihrem Stuhl. Sie zitterte. Henry umarmte sie, um sie zu beruhigen. Erst dann konnte sie aufstehen. Sie hob Tiger vom Boden hoch und steckte ihn in Henrys Rucksack. Tiger miaute und streckte seinen Kopf oben heraus.

»Wo bringen sie uns hin?«, flüsterte Henry der Nachbarelfe zu.

»Ich habe keine Ahnung«, sagte die Elfe. »Das sind Spezialagenten. Ich bin mir aber sicher, dass sie einen Zufluchtsort kennen.«

Die sechs Elfen in den Rüstungen führten sie über die Felder an das äußerste Ende der Höhle. Dort befand sich ein Tunnel, der tief in den Fels hineinführte. Hunderte von Elfen hatten sich dort bereits vor dem Eingang versammelt.

»Aufgepasst«, sagte der Anführer der Elfen. »Wir bereiten uns auf Krieg vor. Unsere Verbündeten versammeln sich in diesem Moment, um Königin Damaskino zu stürzen. Alle Zivilisten müssen Obstopolis verlassen.«

Henry drehte sich zu Karottina und flüsterte: »Wie ist das möglich? Wir versuchen schon seit Monaten zu fliehen.«

MILCHPRODUKTE

»Wir haben einen Fluchtweg«, sagte der Anführer der Elfen. »Ein Tunnel führt euch nach draußen und endet weit entfernt von Obstopolis.«

Henry konnte seinen Ohren nicht trauen. Seit Monaten saßen sie unter der Erde fest und mussten jetzt erst erfahren, dass es die ganze Zeit einen Ausweg gegeben hatte. Warum hatte Milo ihnen nichts davon erzählt? Wusste er etwa nichts von dem Tunnel? War dies eine geheime Information, die nur Spezialagenten vorbehalten war?

»Ich werde euch durch das Höhlensystem führen«, sagte der Anführer. »Der Weg nach draußen ist sehr gefährlich und es gibt ein großes Problem.« Er wendete sich an die anderen Elfen in Rüstungen, die um ihn herumflatterten. Sie nickten alle zustimmend. Es sah so aus, als würden sie ihm die Erlaubnis geben, ein Geheimnis zu lüften. Ein Geheimnis, das Zivilisten nicht wissen durften.

»Wir haben euch nie von diesem Fluchtweg erzählt, weil er auf die Knochenbrecherinsel führt«, sagte der Anführer.

Ein Gemurmel ging durch die Menge der Zivilisten. Einige Elfen begannen zu zittern und andere umarmten sich fest mit entsetzten Gesichtsausdrücken.

»Ich weiß, dass es gefährlich ist«, sagte der Anführer. »Aber sobald ihr auf der Knochenbrecherinsel seid, werden wir genaue Anweisungen geben, in welche Richtung ihr fliegen müsst. So könnt ihr die Insel schnell verlassen und nach Obstopolis zurückkehren. Wir haben rund um den Krater Lager errichtet, um euch unterzubringen.«

Henrys Herz begann schneller zu pochen. Angst kroch in ihm hoch und er begann zu zittern.

Der Anführer wendete sich an Henry und Karottina: »Leider haben wir keinen schnellen Ausweg von der Knochenbrecherinsel für diejenigen von euch, die keine Flügel haben. Wir haben aber ein Boot für euch vorbereitet. Es kann aber Tage dauern, den Omelett-Ozean zu überqueren.«

Henry nickte. So sehr er sich auch vor den Monstern dort fürchtete, wollte er nicht sofort von der Insel weg. Zuerst wollte er die Schokoladenwolken suchen. Es war aber eine Erleichterung für ihn zu wissen, dass ein Boot auf sie wartete. Er musste ja danach irgendwie wieder zurück ins Zuckerreich.

»Der Omelett-Ozean?«, fragte Karottina. »Was für ein Ozean ist das?«

»Es ist ein gelbes Meer voller Eier«, erklärte die Nachbarelfe.

MILCHPRODUKTE

Der Anführer der Elfen flatterte näher an Henry heran. »Dürfen wir dich um einen Gefallen bitten, bevor wir losgehen?«

Henry war überrascht, dass die Elfen etwas von ihm brauchten. Nachdem sie das Geheimnis des Fluchtweges monatelang für sich behalten hatten, war Henry nicht gerade willig, ihnen zu helfen. Er hatte auch keine Ahnung, was er ihnen bieten konnte. In Obstopolis gab es doch schon alles, was man brauchte.

»Du weißt, dass Königin Damaskino ihr Früchtemonopol behalten will«, sagte der Elf.

Henry nickte.

»Wir aber wollen ihr Monopol zerstören«, fuhr der Elf fort. »Jeder soll Früchte genießen können und nicht nur Elfen.«

Er gab den Wachen in Rüstungen ein Zeichen. Sie flatterten davon und kamen einen Augenblick später mit einem Sack zurück, der halb so groß wie Henrys Rucksack war.

»Wir wissen, dass du auf der Suche nach Obstsamen bist, die du in deine Heimat zurückbringen willst«, sagte der Elf. »Wir haben alle Arten von Obstsamen für dich gesammelt. Auf diese Weise wird das Monopol von Königin Damaskino gebrochen und Obstopolis wird sich der Welt öffnen müssen.«

Die Elfen ließen den Sack zu Henrys Füßen fallen.

»Das ist alles für mich?«, fragte Henry erstaunt.

»Ja, bitte nimm sie mit in deine Heimat«, sagte der Elf und flatterte zurück zum Eingang des Tunnels.

»Danke«, rief Henry. Seine Wut auf die Elfen war im

Handumdrehen verflogen. Er wendete sich an Karottina. »Das ist doch unglaublich, oder? Das ist genau das, was ich die ganze Zeit wollte.« Er packte die Samen in seinen Rucksack. »Die kann ich meiner Mutter anstelle der Schokoladenwolken mitbringen. Jetzt kann ich beruhigt nach Hause gehen.«

Karottina seufzte. »Das hättest du wohl gerne. Erst mal müssen wir jetzt auf die Insel.«

Sie wendete sich von Henry ab und folgte den Elfen in den Tunnel.

Henry wurde es ganz heiß und Schweiß tropfte an seiner Nase herunter. Er hatte zwar alles, was er wollte, aber jetzt hatte er keine andere Wahl, als die Knochenbrecherinsel zu besuchen.

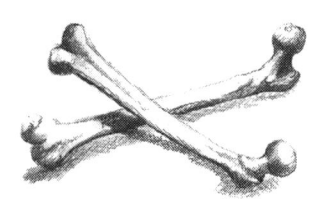

Der Marsch war anstrengend und führte sie
über riesige Felsbrocken.

Kapitel Zwanzig

DIE KNOCHENBRECHERINSEL

Einige Stunden wanderten sie durch das Höhlensystem. Allein das Licht der Elfen beleuchtete die Felsen um sie herum, sodass Henry den Weg sehen konnte. Der Marsch war anstrengend und führte sie über riesige Felsbrocken. Die Elfen flogen mühelos darüber, während Henry all seine Kraft ins Klettern stecken musste.

Als sie schließlich den Ausgang erreichten, war Henry völlig außer Atem. Er fühlte sich wie an dem Tag, als er das Zuckerreich verließ und das erste Mal wanderte. Der Unterschied war diesmal jedoch, dass er über sechs Meter hohe Felsen klettern musste und dabei noch zusätzlich die ganzen Samen mit sich trug. Damals hätte er das nie geschafft.

»Wenn wir die Höhle verlassen, haben wir keine Zeit, uns umzuschauen«, verkündete der Anführer der Elfen. Er blieb flatternd vor einer glatten Wand in der Luft stehen. Sie sah genauso wie die Wand aus, die Milo damals geöffnet hatte.

»Wenn ich diese Tür öffne, folgt ihr mir alle den Berg hinunter in Richtung Meer«, sagte der Anführer. »Dieser Ausgang hier befindet sich an der Seite eines Vulkans. Ihr habt also einen langen Weg nach unten. Es sollte aber nicht länger als zehn Minuten dauern. Wenn wir das Meer erreicht haben, sind wir in Sicherheit.«

Er wendete sich an Henry und Karottina. »Es tut mir leid, aber wir können nicht auf euch warten. Zu Fuß könnt ihr nicht mit uns mithalten«, sagte der Anführer und schlug mit seinen Flügeln hektisch auf und ab. »Aber wenn ihr den Pfad zu eurer Rechten hinunter zum Strand nehmt, werdet ihr das Boot finden, mit dem ihr die Insel verlassen könnt. Wichtig ist, dass ihr nicht den Pfad zum Krater hinaufgeht.«

»Danke, wir werden es schon finden«, sagte Henry.

Der Elf begann seine Bahnen vor der Wand zu ziehen, so wie Milo es getan hatte. Die Wand verwandelte sich sofort in eine Tür. Der Elf öffnete sie, und der ganze Schwarm flatterte ins Freie.

Henry wartete, bis auch der letzte Elf die Höhle verlassen hatte. Er trat nach draußen, stellte seinen Rucksack auf den Boden und blickte nach oben. Die Sonne strahlte hell am azurblauen Himmel. Nach all diesen Monaten war das grelle Licht der natürlichen

Sonne zu stark für Henry. Henry blinzelte und kniff seine Augen kurz zusammen. Es war warm, aber es wehte eine Brise über die Insel. Offensichtlich hatte er den Winter übersprungen.

Karottina folgte Henry und trat nach draußen. Kaum hatte sie die Höhle verlassen, verschwand die Tür hinter ihnen.

»Jetzt gibt es keinen Weg mehr zurück«, sagte Henry. Er wendete sich wieder dem Omelett-Ozean zu und beobachtete, wie die Elfen hinter dem Horizont verschwanden. Sein Blick schweifte entlang des sandigen Ufers und er entdeckte das Boot, von dem der Anführer gesprochen hatte. Es lag in einer gelben Flüssigkeit, aus der das gesamte Meer bestand.

»Das Boot ist dort«, sagte Henry. »Aber dieses gelbe Zeug sieht ziemlich eklig aus.«

»Es scheint, dass der ganze Ozean mit Eigelb gefüllt ist«, sagte Karottina.

»Eigelb? Was ist das?«, fragte Henry.

»Unsere Nachbarin in der Höhle hat mir erklärt, dass der gelbe Teil von einem Ei so genannt wird«, erklärte Karottina. »Daraus werden Omeletts gemacht.«

Henry schaute zu seiner Linken. Der Weg führte ein paar

Hundert Meter hinauf zum Gipfel eines Vulkans. Das musste der Weg sein, vor dem der Elf sie gewarnt hatte.

»So, jetzt sind wir fast am Ziel«, sagte Henry und lächelte. »Es ist nur noch ein kurzer Spaziergang den Pfad hinunter, und dann nehmen wir das Boot und ab geht's.«

Er wollte gerade den Weg hinuntergehen, als ein lautes Grunzen aus genau dieser Richtung kam.

»Was war das?«, fragte er.

Karottina zuckte mit den Schultern und deutete in Richtung des Ufers. »Es kam vom Strand.«

Henry ging ein paar Schritte den Pfad entlang, um einen besseren Überblick zu bekommen. Das Grunzen wurde lauter und kam direkt auf ihn zu. Er blieb stehen und lauschte. Etwas kam den Berg hinaufgerannt.

»Lauf!«, schrie Karottina. Sie rannte den Pfad in die entgegengesetzte Richtung entlang.

Die Erde bebte und eine Staubwolke erhob sich in die Luft. Eine Herde riesiger Wildschweine kam auf sie zu. Henry drehte sich um und rannte so schnell er konnte hinter Karottina her. Er hörte hinter sich die Hufe der Wildschweine auf den Boden stampfen. Als er über seine Schulter zurückblickte, bemerkte er, wie riesig diese Wildschweine waren. Jedes von ihnen hatte Henrys Größe, aber sie waren so breit wie drei Menschen nebeneinander. Sie sahen sehr grimmig aus. Mit nur einem einzigen Biss hätte eines davon Henry den Kopf abbeißen können.

Henry rannte um sein Leben. So schnell er konnte, lief er den Vulkan hoch. Er hatte die Hoffnung, dass er einen Baum finden würde, auf den er klettern könnte. Aber je höher er kam, desto karger wurde die Natur. Schließlich wuchs sogar kein Gras mehr um ihn herum. Henry war umgeben von schwarzer Erde. Nur ein paar Flecken Gras wuchsen zwischen einigen Felsen, die ebenfalls pechschwarz waren.

»Nicht stehen bleiben!«, rief Karottina einige Schritte vor ihm. Sie hatte schon fast den Rand des Kraters erreicht.

Henry lief weiter den Vulkan hinauf, als plötzlich das Trampeln der Wildschweine verstummte. Henry blieb stehen und drehte sich um. Die Wildschweine standen alle in einer Reihe an der Grenze, wo das Gras in schwarze Erde überging. Sie beschnupperten den Boden, setzten aber ihre Verfolgung nicht fort. Es war, als ob eine unsichtbare Mauer sie daran hinderte, weiterzugehen.

»Schau dir das an«, rief Henry. »Sie scheinen wohl Angst vor der schwarzen Erde zu haben.«

»Autsch!«, schrie Karottina.

Henry drehte sich um und sah gerade noch, wie sie am Stolpern war. Dann fiel sie zu Boden. Henry eilte hinüber, um zu sehen, ob sie sich verletzt hatte. »Ist alles in Ordnung?«

»Alles gut«, sagte Karottina und stand auf. »Dieser blöde Stein hier. Er ist mir einfach unter den Füßen weggerutscht.«

Sie blickte hinter sich, um zu sehen, über was sie gestolpert war.

Als sie den Stein erblickte, stieß sie einen lauten Schrei aus und sprang zurück. »Das ist ja gar kein Stein.« Karottina zeigte auf den Boden.

Henry streckte sich, um zu sehen, auf was für einen Gegenstand Karottina getreten war. Sein Herz begann hektisch zu pochen. »Schon wieder ein Totenschädel«, sagte er und schaute sich die tief liegenden Augenhöhlen an. Er verglich ihn mit dem Schädel, den er im Veganerwald gefunden hatte. Dieser hier sah völlig anders aus. Er war pechschwarz und war wohl nicht von einem Menschen. Konnte es der Schädel eines Trolls sein?

Karottina schrie noch einmal. Henry schaute auf. Karottina sprang zwischen den Felsen hin und her. Es sah zuerst aus, als ob sie in ein Nest von Mäusen getreten war und sie jetzt versuchte, ihnen zu entfliehen. Aber dann erkannte Henry, dass sie vor etwas anderem weglief. Die schwarzen Felsen waren nicht das, was sie zu sein schienen.

Das gesamte Gebiet war mit verkohlten Schädeln und Knochen bedeckt. Einige sahen aus wie Menschenreste und andere mussten von Wesen stammen, die Henry noch nie gesehen hatte. Eines hatten aber alle gemeinsam: Sie waren verkohlt. Offensichtlich hatte es hier ein Feuer gegeben.

Henry ging in die Hocke und nahm etwas Erde vom Boden. Als er sie durch seine Finger rinnen ließ, bemerkte er, dass es gar keine Erde war. Es war die Asche der verbrannten Körper. Kleine verkohlte Knochen waren in der schwarzen Asche zu finden. Entweder waren sie in einer Leichengrube oder einem riesigen Lagerfeuer gelandet. Hier mussten viele Kreaturen verbrannt worden sein. Henry stand auf und suchte nach Menschenschädeln. Vielleicht aßen die Bewohner dieser Insel ja doch Menschen.

»Wir müssen hier raus«, kreischte Karottina. Sie hüpfte von einem grünen Fleck zum anderen und versuchte der Knochenasche aus dem Weg zu gehen. »Wir sind in einem Schlachthaus gelandet.«

Henry nickte und blickte zurück zu den Wildschweinen. Sie standen immer noch am Rand des Aschefelds. Sie schnaubten, aber kamen nicht näher. Konnte es sein, dass die Monster der Knochenbrecherinsel doch keine Legende waren? Wenn man bedenkt, wie groß diese Wildschweine waren, hätten manche Leute sie für Monster halten können. Aber warum war hier alles verbrannt? Die Wildschweine konnten das ja nicht getan haben.

»Verzeih mir, aber jetzt reicht es!«, schimpfte Karottina. Sie stemmte die Hände in die Hüften, als wolle sie Henry einen Vortrag über seine Fehler halten. »Ich gehe keinen Schritt weiter ins Landesinnere. Wer weiß, was sich in diesem Krater befindet.«

»Wir können aber nicht zurückgehen«, sagte Henry und zeigte auf die Wildschweine.

»Nun, ich werde aber auch nicht in diese Richtung gehen«, antwortete Karottina und zeigte auf den Vulkan. »Ich werde mich nicht von irgendwelchen widerlichen Kreaturen im Vulkan grillen und fressen lassen.«

»Du bist ja nicht wirklich diejenige, die in Gefahr ist«, sagte Henry. »Du bist eine Karotte, schon vergessen?«

»Na und?«, sagte Karottina entrüstet.

»Nach den Knochen zu urteilen, fressen diese Kreaturen Fleisch und kein Gemüse«, sagte Henry. »Wenn sie an dir knabbern würden, würden sie dich wahrscheinlich ausspucken.«

Karottina neigte den Kopf zur Seite und legte die Stirn in Falten. »Wenn du es so formulierst … Eigentlich habe ich darüber noch gar nicht nachgedacht. Da hast du recht.« Sie grinste, drehte sich um und ging auf den Vulkan zu, als wäre nichts geschehen. »Vergiss, was ich gesagt habe, und lass' uns weitergehen. Vielleicht können wir um den Vulkan herumlaufen und so zum Strand gelangen.«

Sie ließen die Wildschweine hinter sich, und Henry folgte Karottina den Gipfel hinauf. Henry hatte ein ungutes Gefühl. Liefen sie von einer Gefahr zur anderen? Er spürte ein Stechen im Magen, als er sich die Monster mit scharfen Zähnen vorstellte. Was würde er tun, wenn sie ihn angriffen? Seine Beine zitterten. Vielleicht war er doch nicht so mutig, wie er gedacht hatte. Aber er wollte Karottina seine Angst nicht zeigen. Sie hatte schon genug Angst und er wollte sie nicht noch mehr erschrecken. So behielt er alle seine Bedenken für sich.

Auf der Spitze des Vulkans stellten sie fest, dass im Krater nur Felsen waren. Kleine Rauchfahnen stiegen aus ein paar Löchern auf und füllten die Luft mit dem Geruch verfaulter Eier.

Henry zog sein T-Shirt über die Nase und lief am Kraterrand entlang, bis sie auf der anderen Seite angekommen waren. Karottina schien recht fröhlich zu sein. Jetzt, wo sie wusste, dass ihr keine Gefahr drohte, gefressen zu werden, tanzte sie herum und pfiff freudig vor sich hin. Ab und zu hob sie einen Stein auf und warf ihn in den Krater.

Henry blickte erleichtert den Pfad zurück. Die Wildschweine waren nicht mehr in Sicht. Plötzlich stieß Karottina wieder einen Schrei aus.

Henry wirbelte herum. Karottina stand wie versteinert am Kraterrand und starrte in die Ferne. Ihre Hände waren auf ihren Mund gepresst. Henry rannte so schnell er konnte zu ihr hinüber. Als er sie erreichte, blickte er auf die Landschaft unter ihnen. Sein Herz pochte so stark, als ob es aus seiner Brust springen wollte. Sie hatten tatsächlich die Monster gefunden.

Henry betrachtete einen schlafenden Riesen, der an einen Felsen gelehnt war.

Kapitel Einundzwanzig

DIE MONSTER

Henry starrte voller Überraschung auf die Landschaft. Ein Dorf lag zwischen den grünen Hügeln. Es hätte ganz normal ausgesehen, wenn nicht alles so groß gewesen wäre. Die einstöckigen Gebäude waren so hoch wie Wolkenkratzer, und die Menschen waren so groß wie Mammutbäume.

»Riesen«, sagte Henry und rieb sich die Augen, um sicherzugehen, dass er auch richtig sah. »Das vierte Königreich wird nicht von Monstern, sondern von Riesen regiert.«

»Das interessiert doch keinen, wie groß die sind«, sagte Karottina. »Die fressen Menschen.«

Henry betrachtete einen schlafenden Riesen, der an einen

Felsen gelehnt war. Er wirkte so friedlich. »Vielleicht haben die Menschen nur Dinge über die Riesen erfunden, weil sie Angst vor ihrer Größe hatten«, sagte Henry.

»Waren dir die Knochen keine Lehre?«, fragte Karottina und deutete wieder auf den Krater. »Aber wenn du glauben willst, dass sie freundliche, kuschelige Kreaturen sind, dann geh und rede mit ihnen. Mir kann es ja egal sein. Ich bin ja nur Gemüse. Mich werden sie nicht fressen, sondern dich.« Sie bohrte ihren Zeigefinger in Henrys Brust. »Du wirst eine köstliche Mahlzeit sein.« Dann warf sie ihre Blätter über die Schultern und lief in Richtung des Dorfes. »Komm schon, beeil dich, sie wollen dich sicher zum Abendessen verdrücken.«

»Das ist nicht lustig«, brummelte Henry und folgte Karottina.

»Ach wirklich?« Karottina wirbelte herum und blieb mit einem wütenden Gesichtsausdruck stehen. Sie kam auf ihn zu und bohrte ihm erneut den Zeigefinger in die Brust. »Warum nimmst du dann die Sache nicht endlich ernst? Diese Riesen könnten dich fressen. Kapier das endlich! Die sind gefährlich.«

»Ich weiß«, sagte Henry. »Aber jetzt, wo wir schon mal hier sind, müssen wir doch schauen, ob die Riesen die Schokoladenwolken gestohlen haben. Wenn ich die Wolken und die Samen zurückbringen würde, würde meine Mutter vor Freude hüpfen.«

»Wenn du wirklich in dieses Dorf gehen willst, dann solltest du dir schleunigst einen Plan ausdenken«, sagte Karottina. »Es ist zu riskant, die Riesen direkt zu fragen, es sei denn, du willst auf dem Grill landen.« Karottina blieb auf der Stelle stehen und machte keine Anstalten, weiterzugehen.

Henry fragte sich, ob die Riesen es überhaupt bemerken würden, wenn er sich in ihr Dorf schlich. Im Vergleich zu ihnen war Henry so winzig, dass er sich einfach wie eine Maus verstecken konnte. Er könnte den ganzen Ort absuchen, ohne dass die Riesen es überhaupt bemerken würden.

»Mama, schau mal! Eine Minikarotte«, sagte plötzlich eine Stimme hinter Henry. »Die sieht richtig lecker aus.«

Karottina schrie auf, als ein Riese sie an den Blättern hochhob. Sie baumelte zwischen den riesigen Fingern.

»Lass mich sofort runter!«, brüllte Karottina und hämmerte mit ihren Händen gegen die Hand des Riesen.

Henry sprang hinter einen Felsen, um sich zu verstecken. Was sollte er tun? Er hatte keine Chance gegen jemanden von dieser Größe. Auch wenn es nur ein Riesenkind war, so war es doch unglaublich groß. Mit nur einem Schritt konnte es Henry unter seinem Fuß zerquetschen. Henry sah hilflos zu, wie der Riese Karottina über seinen Kopf hob.

»Mama, schau mal! Die Karotte spricht«, sagte das Riesenkind.

»Jannis, leg sie sofort wieder hin«, sagte eine weibliche

Stimme.

Henry beobachtete, wie die Mutter des Riesenkindes auf sie zugelaufen kam. Jedes Mal, wenn sie einen Schritt machte, begann der Boden wie bei einem Erdbeben zu vibrieren. Henry versuchte, sein Gleichgewicht zu halten. Schließlich kam die Riesin zum Stehen.

Sie war gigantisch groß wie ein sechsstöckiges Gebäude, aber trotzdem relativ dünn. Abgesehen von ihrer enormen Größe, sah sie wie ein normaler Mensch aus.

»Du weißt nicht, woher das kommt«, sagte die Riesin.

»Daphne, lass ihn doch«, hallte eine tiefe Stimme von hinten. »So oft finden wir ja kein Gemüse.«

Ein dritter Riese tauchte hinter einem Hügel auf. Dieser sah genauso aus, wie Henry sich einen Riesen vorgestellt hatte. Er war stämmig, hatte einen langen Bart und tiefe Falten.

»Jorgos, wie kannst du nur so etwas sagen«, sagte Daphne. »Wer weiß, ob diese Karotte nicht irgendwelche Krankheiten verursacht. Und außerdem spricht sie. Findest du das nicht seltsam?«

»Das ist mir egal«, sagte Jorgos. »Essen ist Essen.«

Er kniete sich vor seinem Sohn hin und sah sich Karottina genauer an.

»Ich bin nur Gemüse«, rief sie. »Ihr wollt kein Gemüse. Ihr seid Fleischfresser.«

»Sie kann wirklich sprechen«, sagte der Vater erstaunt. »Vielleicht ist sie doch nicht essbar.«

DIE SCHOKOLADENWOLKEN

»Ganz genau«, brüllte Karottina. »Ich bin giftig.«

»Papperlapapp«, sagte Jorgos und nahm Karottina aus der Hand seines Sohnes. »Ich beiß mal rein und probiere.«

Er führte Karottina zu seinem Mund und wollte ihr gerade

den Po abbeißen, als Henry seinen ganzen Mut zusammennahm. Auf keinen Fall würde er seine Freundin sterben lassen. Er sprang hinter dem Felsen hervor und rief: »Wenn du jemanden fressen willst, dann friss mich.«

Drei Schreie ließen die Erde erbeben. Die Riesen taumelten zurück. Daphne packte Jannis und zog ihn näher an sich heran, als würde er gleich von einem Monster angegriffen werden. Jorgos zitterte und ließ Karottina fallen.

Henry schaute verblüfft die Riesen an. Eine solche Reaktion hatte er nicht erwartet. Er ging zu Karottina und half ihr auf.

»Ein Mensch«, flüsterte Daphne ihrem Mann zu. »Was sollen wir jetzt tun?«

Henry war sich nicht sicher, was er von dieser Situation halten sollte. Offensichtlich hatten die Riesen Angst vor ihm. Aber warum? Er war so viel kleiner als sie und hatte nicht einmal eine Waffe.

»Bitte tue uns nichts!«, sagte Jorgos zu Henry.

»Warum sollte ich euch etwas antun?«, fragte Henry. »Ich bin nur auf der Suche nach etwas.«

»Du bist nicht gekommen, um uns zu töten?«, fragte Daphne.

»Um Himmels Willen nein! Warum sollte ich das?«, fragte Henry. Dann murmelte er vor sich hin: »Wie sollte ich das überhaupt tun bei meiner Größe?«

»Weil du ein Mensch bist«, sagte Jorgos. »Ihr Menschen habt doch den Krieg vor Jahrhunderten gewonnen. Ihr habt viele von uns getötet und Schlemmerland gespalten.«

Langsam verstand Henry, was geschehen war. *Die Mythologie von Schlemmerland* erzählte keine Legenden. Henry hatte all die Jahre recht behalten. Die Geschichten waren wahr. Hier im vierten Königreich waren diese Geschichten keine Legenden, sondern die grausame Wahrheit, und die Riesen hatten sie nie vergessen.

»Das ist alles viele Jahrhunderte her«, sagte Henry. »Wir Menschen sind jetzt friedlich, und wir kämpfen nicht mehr.«

Daphne lockerte ihren Griff um ihr Kind.

Jorgos holte tief Luft. »Du wirst uns also nicht töten?«, fragte er und lächelte.

Henry schüttelte den Kopf.

»Dann bist du gar kein Monster?«, fragte Daphne.

Henry lachte. »Nein, ich bin kein Monster. Wir dachten immer, dass ihr die Monster seid.«

»Warum wir?«, fragte Daphne erstaunt. »Es waren doch Menschen und nicht Riesen, die so viele getötet und Schlemmerland zerstört haben. Für uns sind Menschen Monster.«

Plötzlich dämmerte es Henry. Alle dachten im Zuckerreich, dass die Monsterberge nach den Kreaturen benannt waren, die dahinter lebten. Aber eigentlich war es genau umgekehrt. Die Riesen der Knochenbrecherinsel hatten den Bergen diesen Namen gegeben, weil Menschen dahinter lebten, und für die Riesen waren Menschen ja Monster.

»Und was ist mit den ganzen Knochen oben auf dem Vulkan?«,

fragte Henry.

Daphne nickte mit einem traurigen Gesichtsausdruck. »Unsere Vorfahren haben früher sehr viel Fleisch gegessen. Das war ihre Kochstelle. Aber im Laufe der Jahrhunderte haben wir festgestellt, dass Milchprodukte eine Alternative sind. Und jetzt ist dieser Ort eine Gedenkstätte, die an all die verlorenen Seelen erinnert.«

»Und jetzt esst ihr kein Fleisch mehr?«, fragte Karottina verblüfft.

»Wir essen immer noch Fleisch, aber wir können es jetzt auf unseren Feldern anbauen, genau wie Pflanzen«, erklärte Daphne und lächelte. »Es ist nicht mehr nötig, Lebewesen zu töten.«

»Das ist ja super«, sagte Henry. »Jetzt, wo ich weiß, dass ihr nicht gefährlich seid und ihr wisst, dass ich kein Monster bin, können wir uns vielleicht gegenseitig helfen.«

Die Riesen nickten.

»Einer unserer Freunde aus Veggington handelt gerne, und ich bin mir sicher, dass er Gemüse gegen eure Milchprodukte tauschen würde«, sagte Karottina.

»Das wäre wunderbar«, sagte Jorgos.

»Ich habe nur ein kleines Problem«, sagte Henry. »Wir können leider nicht jedem auf der Knochenbrecherinsel trauen.

DIE SCHOKOLADENWOLKEN

Die Schokoladenwolken sind immer noch verschwunden. Irgendjemand auf dieser Insel hat sie gestohlen.«

Der Riese trat näher an Henry heran und sah zu ihm hinunter.

Kapitel Zweiundzwanzig

DIE SCHOKOLADENWOLKEN

»Die Schokoladenwolken?«, fragte Daphne.

»Sie sind die Hauptnahrungsquelle im Zuckerreich«, erklärte Henry. »Jemand hat sie gestohlen und sie quer durchs Schlemmerland gezogen. Ich bin ihnen bis hierher gefolgt. Wisst ihr, wer sie gestohlen haben könnte?«

Daphne und Jorgos schüttelten den Kopf.

»Wir werden uns im Dorf umhören«, sagte Jorgos. Der Riese trat näher an Henry heran und sah zu ihm hinunter. »Wir werden dir helfen, den Dieb zu finden. Und wenn wir ihn finden, wird er bestraft.«

»Wie sehen denn diese Wolken aus?«, fragte Daphne.

»Wie ganz normale Wolken«, sagte Henry. »Aber sie sind

braun und schmecken sehr lecker.«

Jannis kicherte plötzlich unbeholfen und versteckte sich hinter den Beinen seiner Mutter.

»Jannis«, ermahnte Daphne ihn. Sie zog ihn hinter ihren Beinen hervor und kniete sich vor ihn. »Als du ausgerissen bist und durch den Omelett-Ozean gelaufen bist, hast du da vielleicht die Wolken gesehen?«

Jorgos drehte sich zu Henry um und sagte: »Er kann manchmal ganz schön anstrengend sein. Vor einiger Zeit war er einen ganzen Tag lang verschwunden. Als wir ihn fanden, war er mit Eigelb beschmiert. Er ist tatsächlich durch den Omelett-Ozean gelaufen.«

»Wir hatten uns solche Sorgen gemacht«, sagte Daphne. »Er hat uns aber nie verraten, wo er genau war.«

Henry dachte an seine eigene Mutter. Er musste erkennen, dass er ja selbst genauso abgehauen ist wie der kleine Jannis. Vielleicht war seine Mutter genauso besorgt wie Daphne? Zwar hatte Henrys Mutter nie genug Zeit für ihn, aber vielleicht machte sie sich trotzdem Sorgen und dachte, Henry sei tot. Er hatte ein schlechtes Gewissen, weil er sich nur auf die Schokoladenwolken konzentriert hatte. Nie hatte er darüber nachgedacht, wie sich seine Mutter fühlte.

Aber jetzt war er am Ende seiner Reise

angelangt. Wenn er die Wolken hier nicht finden würde, dann würde er zurück nach Schoko-Locoville gehen und sich bei seiner Mutter entschuldigen.

Jannis kicherte wieder. »Ich weiß, wo die braunen Wolken sind«, sagte er.

Henry wollte seinen Ohren nicht trauen. Er rannte zu Jannis und klopfte ihm auf den Schuh.

»Wo? Wo?«, rief Henry. »Ich muss wissen, wer sie gestohlen hat.« Er fühlte sich, als ob ihm die Last einer Tonne Schokolade von den Schultern genommen wurde. Hatte er endlich die Schokoladenwolken gefunden?

Jannis machte einen Schritt zurück und versteckte sich wieder hinter den Beinen seiner Mutter.

»Komm schon, sag es ihm«, sagte Daphne und zog ihn wieder hinter ihren Beinen hervor.

Jannis blickte sie mit einem schelmischen Lächeln an. »Ich habe sie genommen«, flüsterte er.

Daphne blickte ihn mit weit aufgerissen Augen an. Jorgos Kinnlade fiel herunter. Er zog seinen Sohn zu sich und packte ihn bei den Schultern. »Du hast sie gestohlen? Wir haben dich nicht zu einem Dieb erzogen.«

Jannis begann zu weinen. »Das wollte ich nicht. Ich habe sie nur gefunden. Ich wusste ja nicht, dass es seine waren.« Er zeigte auf Henry.

»Wo hast du sie gefunden?«, fragte Daphne und nahm Jannis aus den Armen ihres Mannes.

»Nachdem ich durch den Omelett-Ozean gelaufen bin, kam ich irgendwann zu ein paar Bergen und dahinter waren diese Wolken. Und die sahen so lecker aus«, sagte Jannis.

Henry schlug die Hände über dem Kopf zusammen. »Du hast sie doch nicht gegessen, oder?«

Jannis wischte sich die Tränen von den Wangen. »Nicht alles, ich habe nur zweimal reingebissen und dann habe ich sie nach Hause mitgenommen und versteckt.«

Daphne setzte Jannis wieder auf den Boden. »Bring uns sofort zu den Wolken. Du musst sie zurückgeben!«

Jannis nickte und rannte hinunter ins Dorf.

Henry, Karottina und Tiger kletterten in Daphnes Hand. Sie

Henry, Karottina und Tiger kletterten in Daphnes Hand.

trug sie hinunter ins Dorf. Henry hielt sich mit beiden Armen an Daphnes kleinem Finger fest, während Karottina ihr spitzes Ende zwischen zwei Finger klemmte, um das Gleichgewicht zu halten.

»Wo hast du sie versteckt?«, fragte Henry.

»In der Scheune«, sagte Jannis.

Als sie das Dorf erreichten, lief die Riesenfamilie auf ein Gebäude zu, das so groß war wie ganz Schoko-Locoville. Daphne schloss die massive Scheunentür auf.

Henrys Herz machte einen Sprung, als ihm klar wurde, dass

er jetzt endlich wieder die Schokoladenwolken sehen würde. Sie waren so wunderschön und majestätisch. Henry hatte immer davon geträumt, auf ihnen einmal sitzen zu dürfen. Jetzt war die Gelegenheit, sie aus der Nähe zu betrachten. Wenn die Wolken wie im Zuckerreich festgebunden waren, würden sie den Riesen gerade mal bis zur Brust reichen.

Daphne stieß die Tür auf, und alle gingen in die Scheune. Henry spürte, wie ihm heiß wurde und sich sein Puls erhöhte. Er begann zu schwitzen.

»Die Schokoladenwolken sind da oben«, sagte Jannis und zeigte hoch zur Scheunendecke.

Daphne hielt ihre Hand hoch und versuchte dabei ihre Handfläche nicht zu drehen. Henry ließ ihren kleinen Finger los und stand auf. Er kniff seine Augen zusammen, um zu erkennen, was da unter der Decke schwebte. Sein rasendes Herz kam fast zum Stillstand. Das, was da oben hing, waren nicht seine Schokoladenwolken. Das, was da oben war, sah völlig anders aus.

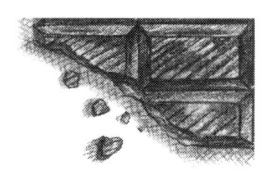

»Was hast du nur mit den Schokoladenwolken gemacht?«

Kapitel Dreiundzwanzig

ZURÜCK IN DIE HEIMAT

»Was hast du nur mit den Schokoladenwolken gemacht?«, schrie Henry. Er drückte die Hände auf seinen Mund, damit er Jannis nicht beleidigte.

»Es tut mir leid«, sagte Jannis leise und schaute verlegen zu Boden. »Ich habe nur ein paar Bissen genommen. Sie waren doch so lecker.«

Henry konnte es nicht fassen. Die schönen runden Wolken, die wie sanfte Hügel aus Schokolade aussahen, hatten überall Löcher. Scharfe Kanten und Bissspuren waren überall zu sehen. Sie waren auf die Hälfte ihrer ursprünglichen Größe geschrumpft, und sie sahen weder schön noch majestätisch aus.

»Jannis«, sagte Daphne. »Du sollst dieses süße Zeug nicht

essen. Riesen sind nicht dafür gemacht, Schokolade zu essen.«

»Ich werde es auch sicher nicht mehr tun«, sagte Jannis und wischte sich ein paar Tränen weg.

Henry ließ den Kopf hängen. Seitdem er seine Heimat verlassen hatte, drehte sich alles um die Wolken und jetzt würde er gerade mal die Hälfte von ihnen zurückbringen. Was würde seine Mutter von ihm denken? Sie wäre sicherlich enttäuscht.

Aber dann erinnerte sich Henry an die Samen in seinem Rucksack. Er lächelte. Vielleicht würde er nur die Hälfte der Schokoladenwolken zurückbringen, aber er hatte etwas viel Besseres. Die Obst- und Gemüsesamen, die er mitbrachte, würden der Beginn einer gesünderen Lebensweise sein. Die Schokoladenwolken waren nur das Sahnehäubchen auf der Torte. Sicherlich hatte niemand was dagegen, wenn die Sahne etwas weniger war als ursprünglich gedacht.

»Ich glaube, es ist an der Zeit, dass ich nach Hause gehe«, sagte Henry.

Daphne schnappte sich das Seil, welches von den Schokoladenwolken baumelte. Damit zog sie die Wolken aus der Scheune. »Ich bringe euch zurück ins Zuckerreich«, sagte sie. »Es tut mir so leid, was mein Sohn getan hat. Ich hoffe, deine Familie wird nicht böse sein. Wir werden das wiedergutmachen. Möchtest du ein paar Milchprodukte mitnehmen?«

»Das wäre toll«, sagte er. Er lächelte und freute sich, dass er von allem ein bisschen mitbringen würde. Seine Mutter würde sich sicherlich auch freuen.

Die Reise, die zu Fuß Monate gedauert hatte, dauerte in Daphnes Hand nicht sehr lange. Bereits nach einer Stunde konnte Henry die Gipfel der Monsterberge sehen. Von Daphnes Hand aus gesehen erschienen sie gar nicht mehr so hoch. In wenigen Minuten hatte die Riesin die Bergkette überquert, und Henry konnte die Lebkuchenhäuser des Zuckerreiches unter sich erkennen.

Alles sah aus, als ob keine Zeit vergangen wäre. Die Bäume waren so grün, wie Henry sie zurückgelassen hatte, und die Sonne schien grell. Es war wieder Sommer. Henry war fast ein ganzes Jahr auf Reisen gewesen

Er tippte der Riesin an den Finger.

»Ich glaube, du kannst uns hier herunterlassen«, sagte Henry. »Es ist besser, wenn die Leute dich erst einmal nicht sehen. Sie könnten Angst bekommen. Aber wenn ich mit ihnen geredet habe, kommen wir euch besuchen.«

Daphne nickte und legte ihre Hand sanft auf das Gras. Henry sprang herunter und löste das Seil mit den Schokoladenwolken von Daphnes Finger. Er stemmte seine Füße fest in den Boden, damit er Halt hatte. Er wollte nicht, dass die Wolken ihn wegzogen. Aber zu seiner Überraschung waren sie so leicht wie ein paar Luftballons.

Karottina ergriff zwei Tüten voll mit Milchprodukten und kletterte von Daphnes Hand. Tiger sprang vom Daumen herunter und lief in Richtung des Dorfes.

Henry und Karottina bedankten sich bei der Riesin, bevor sie den Rückweg zur Knochenbrecherinsel antrat. Dann liefen sie über die Felder nach Schoko-Locoville und zogen die Schokoladenwolken hinter sich her.

Henry lächelte den ganzen Weg zum Dorf. Er wusste, dass er viel erreicht hatte. Zwar war er etwas besorgt, dass einige Leute über die abgebissenen Wolken entsetzt sein könnten, aber die ganzen Produkte, die er mitbrachte, würden sie sicherlich beruhigen.

Als sie das Dorf erreichten, kamen Hunderte von Menschen aus ihren Häusern. Zu Henrys Überraschung starrten sie ihn erstaunt an. Karottina schenkten sie kaum Beachtung, obwohl eine wandelnde Karotte nicht gerade etwas Gewöhnliches war.

»Henry ist zurück!«, rief ein übergewichtiger Junge und sprang freudig auf und ab.

Die Bewohner von Schoko-Locoville versammelten sich an der Hauptstraße wie bei einer Parade. Sie waren alle noch genauso dick wie früher. Offensichtlich hatten Lollihoven und Gummibäringten ihre Produktion hochgefahren und für ausreichend Nahrung gesorgt.

Als Henry und Karottina den Marktplatz erreichten, kamen Dutzende Kinder angerannt. Sie umzingelten Henry und starrten ihn an.

»Das ist ja unglaublich«, sagte ein pummeliger Junge.

Die Erwachsenen kamen aus ihren Häusern mit weit

aufgerissenen Augen und ein älteres Paar, so breit wie zwei Luftschiffe, stand mit offenen Mündern an der Haustür und starrte Henry an.

»Wie hast du das geschafft?«, fragte ein hübsches Mädchen und zwinkerte ihm zu.

»Das erzähle ich euch später«, antwortete er und zeigte stolz auf die Schokoladenwolken am Himmel. Er war überrascht, dass niemand ihren Zustand bemerkte. »Es war ganz schön schwer, sie wiederzubekommen.«

Aber das Mädchen blickte nicht nach oben. Sie starrte Henry weiter an, genauso wie alle anderen. Henry lehnte sich zu Karottina und flüsterte: »Warum ignorieren sie die Wolken und starren nur mich an?«

»Weil du so anders aussiehst als sie«, sagte Karottina.

»Anders?«, fragte Henry. Er war doch nicht anders. Er war ein normaler Junge aus Schoko-Locoville.

Karottina zeigte auf eines der Fenster. »Schau dich doch mal richtig an«, sagte sie.

Henry starrte sein Spiegelbild im Fenster an. Ein schlanker Junge inmitten einer Schar dicker Menschen blickte ihn an. Er war nicht mehr der kugelrunde Junge, der Schoko-Locoville vor einem Jahr verlassen hatte.

Tränen der Freude liefen ihm über die Wangen. Er hatte nicht mehr in einen Spiegel geschaut, seitdem er das Zuckerreich verlassen hatte. Zwar wusste er, dass er abgenommen hatte, aber ihm war nicht klar gewesen, wie sehr er sich verändert hatte. Er war durch Felder gewandert, auf Berge geklettert und hatte sehr gesund gegessen. Und jetzt war er dünn.

Er lief zum Fenster und schaute sich sein Spiegelbild genauer an. Sein Doppelkinn war verschwunden und sein Hals war jetzt sichtbar, und auch sein Bauch war flach.

Henry lächelte und schaute hinunter zu seinen Füßen. »Ich kann sie komplett sehen«, rief er aufgeregt. Bereits in Veggington konnte er die Spitzen seiner Zehen sehen, weil sein Bauch nicht mehr die Sicht versperrte. In Obstopolis musste er noch so viel mehr abgenommen haben, dass er jetzt einen flachen Bauch hatte.

»Wie hast du das geschafft?«, fragte das hübsche Mädchen erneut.

Henry wischte sich die Freudentränen weg und drehte sich zu

ihr um. »Ich werde es euch allen später erklären.«

Die Menge jubelte. Das hübsche Mädchen rannte auf Henry zu und umarmte ihn.

»Danke«, sagte sie und zeigte auf eine Gruppe von sechs dicken Kindern. »Kannst du es meinen Freunden auch erzählen?«

Henry nickte. Er fühlte sich glücklicher als je zuvor. Er hatte nicht nur sein eigenes Leben verbessert, sondern konnte nun auch anderen Menschen helfen.

»Henry, Henry!«, sagte eine vertraute Stimme

Er drehte sich um, und sein Herz blieb fast stehen.

Seine Mutter stand mit weit geöffneten Armen am Ende der Straße.

»Mutti«, rief Henry. Er reichte Karottina das Seil mit den Schokoladenwolken und rannte auf seine Mutter zu.

»Ich habe dich so sehr vermisst, Henry«, sagte seine Mutter und umarmte ihn. »Ich bin so froh, dass dir nichts passiert ist. Ich habe mir solche Sorgen gemacht.«

»Ich habe dich auch vermisst«, sagte Henry. Er zeigte auf Karottina und die Tüten in ihren Händen. »Das ist eine Freundin. Ich habe sie auf der Reise kennengelernt. Wir haben ein paar tolle Sachen mitgebracht.« Er setzte seinen Rucksack ab, öffnete ihn und reichte seiner Mutter das Säckchen mit den Obstsamen. »Das wird für alle viel gesünder sein als Schokolade. Damit kannst du etwas ganz Neues anbauen. Und wir haben auch die Schokoladenwolken zurückgebracht.« Er zeigte mit einem Seufzer nach oben. »Ich weiß, sie sehen nicht mehr so gut aus wie früher.«

»Das macht doch nichts«, sagte seine Mutter. »Das Allerwichtigste in meinem Leben habe ich schon. Ich brauche die Schokoladenwolken nicht mehr.« Sie lächelte.

»Was ist das Allerwichtigste?«, fragte Henry erstaunt.

»Du, Henry.« Tränen kullerten ihr die Wangen hinunter, als sie den Arm um ihren Sohn legte. »Lass uns jetzt nach Hause gehen.«

Henry und seine Mutter verließen das Dorf und machten sich auf den Heimweg. Karottina und Tiger folgten ihnen. Als sie an den Schokoladenfeldern vorbeikamen, bemerkte Henry, dass seine Mutter die Felder mit Lollis bepflanzt hatte.

»Wir werden die Lollis rausreißen und die Samen pflanzen, die du uns mitgebracht hast«, sagte seine Mutter.

Henry nickte. »Und wir können mit den anderen Königreichen Handel treiben.«

»Welche anderen Königreiche?«, fragte seine Mutter.

Henry lächelte sie an. »Das ist eine lange Geschichte. Ich werde sie dir später erzählen. Aber ich kann dir jetzt schon sagen, dass wir bald ganz andere Sachen essen werden.«

Sie liefen den Hügel zur Lebkuchenvilla hinauf. Oben angelangt blickte Henry zu den Schokoladenwolken hinauf.

»Was machen wir jetzt mit den Wolken, wenn wir auf den Feldern Obst und Gemüse anbauen werden?«, fragte er.

»Das liegt ganz an dir«, sagte seine Mutter. »Du hast sie zurückgebracht und jetzt gehören sie dir.«

Henry dachte einen Moment lang nach. Schokolade macht Freude. Es war kein Nahrungsmittel, sondern ein Leckerbissen, der nur ab und zu gegessen werden sollte. Über Schokolade sollte man sich nicht streiten, sondern freuen. Das Zuckerreich hatte die Wolken vor Jahrhunderten gestohlen und Schlemmerland in verschiedene Königreiche gespalten. Jetzt war es an der Zeit, dass Henry das änderte.

Er zog die Schokoladenwolken an den Rand des Hügels und sah zu ihnen hinauf. »Es ist an der Zeit, euch gehen zu lassen.«

Er öffnete seine Hand und ließ das Seil los. Der Wind blies die Wolken hoch in die Lüfte. Als sie in Richtung der Berge segelten, lächelte Henry und sagte: »Macht jeden im Schlemmerland glücklich.«

Dann verschwanden die Schokoladenwolken hinter den schneebedeckten Gipfeln der Monsterberge.

Eine Bitte

Danke, dass du mein Buch gelesen hast!

Liebe Kinder, liebe Jugendliche,

Wenn euch die Reise durch Schlemmerland gefallen hat, würde ich mich sehr freuen, wenn ihr eure Eltern, Großeltern oder irgendeinen Erwachsenen bitten würdet, eine Bewertung auf Amazon zu hinterlassen. Buchbewertungen sind sehr wichtig und helfen anderen Lesern, dieses Buch zu finden, und machen es mir möglich, weitere Bücher zu schreiben.

Liebe Erwachsene,

bitte schreiben Sie eine kurze Rezension auf Amazon, damit unabhängige Autoren wie ich eine Chance haben, bekannt zu werden.

Hierfür einfach den QR-Code scannen, der Sie zu Amazon weiterführt, um dort eine Rezension zu hinterlassen.

Vielen Dank!

Marc Remus

Mehr Schokoladenwolken

Lustige Informationen über dieses Buch!

Hier gibt es weitere spannende Inhalte zum Buch:

Lustige Fakten über die Schokoladenwolken, ein Suchspiel und ein Interview mit Karottina, in dem sie erzählt, was sie in den drei Jahren nach der Wiedervereinigung von Schlemmerland erlebt hat.

LUSTIGE FAKTEN

SCHOKOLADENWOLKEN FAKTEN
Sechs interessante Fakten über Schokoladenwolken

1. Wie lautet der wissenschaftliche Name der Schokoladenwolken?

Wissenschaftler waren sich lange uneinig, wie man die Schokoladenwolken nennen sollte. Während der Herrschaft der vier Königreiche einigte man sich auf den wissenschaftlichen Namen *Cumulonimbus Cacaonicus*.
Cumulonimbus leitet sich von den lateinischen Wörtern *cumulus*, „Haufen", und *nimbus*, „Regenwolke" ab. *Cacaonicus* leitet sich von den lateinischen Wörtern *cacao*, „Kakao" und *unicus* „einzigartig" ab.

2. Können Schokoladenwolken ihre Farbe ändern?

Ja, je nach Wetterlage kann sich die Farbe der Wolken ändern. Eine Zartbitterschokoladenfarbe ist ein Hinweis auf schlechtes Wetter wie Gewitter oder Regen. Bei extremer Hitze und Sonne nehmen die Wolken einen weißen Schokoladenfarbton an. Wenn das Klima stabil bleibt, sehen die Wolken wie Milchschokolade aus. Dies ist ein Hinweis für perfekte Wetterbedingungen.

3. Wie viel wiegen Schokoladenwolken?

Cumulonimbus Cacaonicus sind ziemlich schwer. Sie wiegen etwa 400.000 kg, was ungefähr dem Gewicht eines Flugzeugs entspricht.

4. Wie entstehen Schokoladenwolken?

Entgegen der weitverbreiteten Ansicht wird Schokolade nicht immer verzehrt, sondern kann auch in der Luft verdampfen. Verdunstete Schokolade steigt in den Himmel auf und formt die *Cumulonimbus Cacaonicus*. Wenn also Schokolade plötzlich verschwindet, kann das auf Verdampfung und nicht auf Verzehr zurückzuführen sein. Deshalb bitte nie jemanden für das Verschwinden von Schokolade verantwortlich machen!

5. Sind die Schokoladenwolken vom Klimawandel bedroht?

Ja! *Cumulonimbus Cacaonicus* schmelzen leicht und können verschwinden. Wenn die Temperatur steigt, schmelzen die Wolken schneller. Dadurch verkleinern sie sich so rasant, dass das verlorene Volumen nicht durch Verdunstung wieder aufgefüllt werden kann.

6. Gibt es ein Studium zu den Schokoladenwolken?

Vor langer Zeit gründeten die Wissenschaftler von Schlemmerland eine Unterabteilung des Fachbereichs Schokolatologie an der Universität von Leckerlia.
Cumulo-Cacaonicologie wurde zu einem hochspezialisierten Studiengang, der mit Beginn des Krieges zwischen den vier Königreichen abgeschafft wurde. Die Universität wird aber bald wieder eröffnet.

SUCHSPIEL

SUCHSPIEL
Durchsuche die Zeichnungen!

In diesem Buch findest Du über 150 Zeichnungen. Jede Zeichnung ist einzigartig und verrät etwas über die Welt von Schlemmerland. Sind dir beim Lesen der Geschichte folgende kleine Dinge aufgefallen?

Durchsuche das Buch nach ihnen und finde die Antworten auf die folgenden Fragen:

1. Wie oft ist Tiger in diesem Buch abgebildet?
Denke daran, dass er sich verstecken könnte und nur Teile von ihm zu sehen sind.

2. Wie viele Mäuse kannst du in dem Buch finden?
Auch die kleinste Maus zählt.

3. Welches Gemüse findet man als Dekoration am Bett in Veggington?
Henry und Karottina schlafen in diesem Bett.

Antworten:
1.) 34 Mal. Seiten: Cover, 6,8,14,19,24,32,37,42,45,50, 66,76,79,80,84,89,104,108,117,128,138,140,142,148, 162, 166,169,178,184,204,206,221,228
2.) 5 Mäuse. Seiten: 7,8,76,166,228
3.) Pilze. Seite 104

MEHR SCHOKOLADENWOLKEN

4. Wie lauten die Namen der drei Trolle?
Die ganze Stadt Veggington ist von Trollen bevölkert, aber es gibt nur drei, die namentlich erwähnt werden.

5. Trägt Gerthy ein kariertes, gestreiftes oder gepunktetes Kleid?
Achte darauf, dass du den richtigen Troll auswählst.

6. Welche Süßigkeiten befinden sich über der Eingangstür der Lebkuchenvilla?
Du wirst zwei verschiedene Arten finden.

7. Auf welchen Seiten findest du die drei Zeichnungen rechts?
Ein Paar Schuhe, eine Lampe und ein Tisch.

8. Wo findest du den Großbuchstaben H, der von zwei Elfen getragen wird?

Antworten:
4.) Anosmia, Gerthy, Tom
5.) Gestreift, Seite 71
6.) Lebkuchen und Muffins
7.) Seite 50, 89, 66
8.) Seite 157

INTERVIEW
Hier ein Live-Interview mit Karottina in Schlemmerlands Radiosender Nummer Eins

Moderator: Heute haben wir einen ganz besonderen Gast bei Schlemmerland Radio. Ihr wurde zweimal hintereinander der Lolli des Jahres verliehen, und sie ist eine der beliebtesten Karotten in Schlemmerland. Willkommen Karottina!

Applaus

Moderator: Frau Karottina, es ist mir eine Freude, Sie heute hier begrüßen zu dürfen.

Karottina: Danke schön. Das Vergnügen ist ganz meinerseits.

Moderator: Es ist drei Jahre her, dass Marc Remus Ihre bahnbrechende Reise in seinem Buch *Die Schokoladenwolken* beschrieben hat. Was hat sich seither verändert?

Karottina: Es hat sich eine Menge verändert! Die vier Königreiche wurden wiedervereinigt, und der Handel ermöglichte es, Nahrungsmittel aller Art überall in Schlemmerland zu bekommen. Der kulturelle Austausch zwischen den Königreichen wurde ausgebaut, und die Schrecken der Vergangenheit verblassen langsam. Selbst die Riesen haben keine Angst mehr vor den Menschen.

Moderator: Ich denke, alle unsere Zuhörer sind sich der politischen Veränderungen bewusst, aber wie hat sich das auf Ihr persönliches Leben ausgewirkt? Das Ganze muss eine ziemliche Herausforderung für Sie gewesen sein. Von der Tellerwäscherin zur Millionärin! Sie waren eine Haushälterin in Veggington, richtig?

Karottina: Ja, das ist richtig. Es war eine drastische Veränderung für mich. Nachdem bekannt wurde, dass ich eine wichtige Rolle bei der Wiedervereinigung von Schlemmerland gespielt habe, überschlugen sich die Medien. Die meisten Menschen, Riesen und Elfen hatten noch nie eine sprechende Möhre gesehen. Ich wurde überallhin eingeladen und durfte vor großem Publikum sprechen. So bin ich sehr viel herumgekommen.

Moderator: Sie haben also Veggington verlassen. Spielen die Trolle dabei eine Rolle? Im Buch heißt es, Sie hätten große Angst vor Gerthy und Tom gehabt.

Karottina: Nein, ich habe ein gutes Verhältnis zu Gerthy und Tom. Ich habe erkannt, dass sie keine Bedrohung für mich sind und mich nicht fressen wollen. Ich bin nur weggezogen, weil ich mir endlich eine eigene Wohnung leisten konnte.

Moderator: Sie sind seit der Wiedervereinigung zur Millionärin geworden. Ihr Jahreseinkommen wird auf über 30 Millionen Kilogramm Schokolade geschätzt. Stimmt das?

Karottina: Naja, ich verdiene genug, um mir eine eigene Wohnung leisten zu können. Meine Firma *Karottico* verkauft alles von Karottenkostümen und Plüschkarotten bis hin zu Möbeln in Karottenform, aber wir vertreiben auch besondere Luxusmischungen von Blumenerde.

INTERVIEW

Moderator: Ihr Unternehmen *Karottico* ist für seine gewagten Designs bekannt. Letztes Jahr wurden Sie mit dem Schlemmerdesign Preis ausgezeichnet. Es scheint, dass Sie wirklich alles herstellen von Möbeln über Küchengeräte bis hin zu Kinderspielen und Kleidung. Gibt es etwas, das Sie nicht produzieren möchten?

Karottina: Ja, Gemüseschäler.

Moderator: Das kann ich gut verstehen. Karotten haben ein tiefverwurzeltes Problem mit Gemüseschälern. Können Sie uns etwas mehr über die Probleme erzählen, die Sie in Ihrer Kindheit hatten?

Karottina: Meine Kindheit war nicht sehr angenehm. Ich war eine der ersten Karotten, die die Trolle erschaffen haben. Ich war also die einzige Karotte in meiner Schule. Die jungen Trolle kannten damals noch keine sprechenden Karotten und machten sich über mich lustig. Das hat wahrscheinlich meine Angst vor den Trollen verstärkt.

Moderator: Würden Sie uns einige Ihrer Erfahrungen schildern?

Karottina: Nun, sie nannten mich immer Grünschopf und machten Witze wie: „Woher weißt du, dass Karotten gut für die Augen sind? Weil Hasen keine Brillen tragen", oder „Was ist unsichtbar und riecht nach Karotten? Ein Kaninchenfurz."

Moderator: Das muss sehr verletzend gewesen sein. Ich bin sicher, dass so etwas heute in den Schulen kaum mehr geschieht.

Karottina: Ich würde nicht sagen, dass es gar nicht mehr geschieht, aber es kommt seltener vor.

Moderator: Mit all Ihren Auszeichnungen und Erfolgen passiert

Ihnen so etwas sicher nicht mehr, oder?

Karottina: Es kommt immer noch vor, aber ich ignoriere diese Kommentare. Als ich zum Beispiel die Auszeichnung Lolli des Jahres erhielt, fragte mich die Moderatorin: „Warum hat die Karotte einen Preis bekommen?" Ich habe darauf nichts geantwortet, aber die Antwort der Moderatorin folgte sofort: „Weil sie in ihrem Feld herausragend war."

Moderator: Das ist wirklich unter der Gürtellinie!

Karottina: Das ist in Ordnung. Ich komme jetzt mit solchen Bemerkungen gut klar. Die Moderatorin wurde eine Woche später gefeuert und arbeitet jetzt für eine Telemarketing-Firma und muss im Fernsehen mein Karotten-Outfit tragen.

Moderator: Gibt es noch jemanden, dem sie nicht vertrauen würden?

Karottina: Ja, ich mag den Osterhasen, Roger Rabbit und Bugs Bunny nicht. Sie stellen eine ständige Bedrohung meiner Art dar.

Moderator: Das kann ich verstehen. Ich glaube, uns läuft die Zeit langsam davon. Lassen Sie mich noch eine letzte Frage stellen. Was sind Ihre Zukunftspläne?

Karottina: Ich arbeite an einem Buch mit dem Titel *Karottina und die Schokoladenwolken*. Es ist eine Biographie darüber, wie mein Freund Henry und die Schokoladenwolken mein Leben verändert haben.

Moderator: Vielen Dank, Frau Karottina, dass Sie uns heute so viel über Ihr Leben erzählt haben. Wir wünschen Ihnen viel Erfolg mit dem Buch. Bleiben Sie weiterhin so bodenständig wie Sie sind.

LESEZEICHEN

KAROTTINA-LESEZEICHEN
von Catharina Maier

Seit meiner Kindergartenzeit hatte ich meine Freundin Catharina Maier nicht mehr gesehen. Nach vielen Jahren kam es schließlich zu einem Wiedersehen. Als wir uns trafen, stellten wir fest, dass wir viele Gemeinsamkeiten hatten, vor allem unsere Leidenschaft für die Kunst. Catharina hatte über die Jahre die Kunst des Häkelns perfektioniert und viele lustige Figuren geschaffen. Nachdem sie *Die Schokoladenwolken* gelesen hatte, war sie so von Karottina begeistert, dass sie ein wunderschönes Karottina-Lesezeichen entwarf. Die Häkelanleitung ist wie folgt:

Material: Häkelnadel Nr. 2,5, Schachenmayr Catania in Soft Apricot, Orange und Greenery (LL 125m/50g), 2 Sicherheitsaugen 6 mm, Füllwatte, Maschenmarkierer

Der Kopf

1. Rd.	In Soft Apricot 6 fM in einen Fadenring arbeiten	(6)
2. Rd.	jede fM verdoppeln	(12)
3. Rd.	jede 2. fM verdoppeln	(18)
4. Rd.	1 fM, 1 fM verdoppeln, 5x (jede 3. fM verdoppeln), 1 fM	(24)
5. Rd.	jede 4. fM verdoppeln	(30)
6. -10 Rd.	30 fM häkeln	(30)
11. Rd.	14 fM, 1 Noppenmasche aus 4 Stb., 15 fM	(30)
12.+13 Rd.	30 fM häkeln	(30)

MEHR SCHOKOLADENWOLKEN

14. Rd.	jede 4. und 5. fM zusammenhäkeln	(24)
15. Rd.	1 fM, 2 fM zusammenhäkeln, 5x (jede 3. und 4. fM zusammenhäkeln), 1 fM	(18)
	Auf Höhe der 14 Reihe und 2-3 Maschen neben der Nase die Sicherheitsaugen anbringen, die Wangen mit orangenem Garn knapp unter die Augen aufsticken, Kopf mit Watte ausstopfen.	
16. Rd.	jede 2. und 3. fM zusammenhäkeln	(12)
17.+18 Rd.	12 fM häkeln	(12)
19. Rd.	jede 2. fM verdoppeln	(18)

Jetzt den Kopf zusammenhäkeln. Dabei den Kopf so halten, dass das Gesicht nach vorne zeigt. Die sich gegenüberliegenden Maschen aufeinanderlegen, so dass eine hintere und eine vordere Maschenreihe entstehen. Die Häkelnadel sollte mit der zuletzt gehäkelten Masche an der Seite liegen. Ist dies nicht der Fall, dann noch entsprechend viele Maschen häkeln oder zurückgehen. Farbwechsel zu Orange. Die Fadenenden zusammenknoten und im Kopf „verstecken".
Nun die beiden Seiten zusammenhäkeln. Dabei durch die nächste und die ihr exakt gegenüberliegende Masche häkeln, dazu 1 fM verdoppeln, 6 fM, 1 fM verdoppeln. (10)

Körper: Ab jetzt wird in Reihen gehäkelt. Beim Rundenwechsel immer eine Wende-LM häkeln (diese wird bei der Gesamtzahl der Maschen pro Runde nicht mitgezählt). (10)

Die Arme

1. R. 1. Arm: 13 LM häkeln, Farbe wechseln zu Soft Apricot, 2 weitere LM dann 4x (4 LM, 1KM in die 2. LM von der Nadel aus, 2 KM), mit der Häkelnadel durch die Maschen links vom zuletzt gehäkelten Finger stechen, Faden aufnehmen und durchziehen, dies für alle weiteren Finger wiederholen, es liegen 5 M auf der Nadel, Faden holen und durchziehen 2 KM in Soft Apricot, Farbwechsel zu Orange, 13 fM bis zum Körper, 10 fM am Körper. (10)

2. R. 2. Arm: 13 LM häkeln, Farbe wechseln zu Soft Apricot, 2 weitere LM dann 4x (4 LM, 1KM in die 2. LM von der Nadel aus, 2 KM), mit der Häkelnadel durch die Maschen links vom zuletzt gehäkelten Finger stechen, Faden aufnehmen und durchziehen, dies für alle weiteren Finger wiederholen, es liegen 5 M auf der Nadel, Faden holen und durchziehen 2 KM in Soft Apricot, Farbwechsel zu Orange, 13 fM bis zum Körper, 12 fM am Körper. (12)

3.+ 4. R.	14 fM häkeln	(14)
5. R.	12 fM, die letzten 2 M zusammenhäkeln	(13)
6. R.	13 fM häkeln	(13)
7. R.	2 M zusammenhäkeln, 11 fM	(12)
8.-10. R.	12 fM	(12)
11. R.	10 fM, die letzten 2 M zusammenhäkeln	(11)
12. R.	11 fM häkeln	(11)
13. R.	2 M zusammenhäkeln, 9 fM	(10)
14. R.	10 fM	(10)
15. R.	8 fM, die letzten 2 M zusammenhäkeln	(9)
16. R.	9 fM häkeln	(9)
17. R.	2 M zusammenhäkeln, 7 fM	(8)
18. R.	8 fM häkeln	(8)

Die Beine

19. R.	1fM, **1. Bein**: 10 LM, Farbwechsel zu Soft Apricot, 12 weitere LM, , 1 fM in die 2. LM von der Nadel aus, 3 hStb, 1 LM auf das letzte hStb und 1 fM in die selbe Masche wie das letzte hStb, fM entlang der Luftmaschenkette zurück, weitere 7 fM am Körper.	(8)
20. R.	1fM, **2. Bein**: 10 LM, Farbwechsel zu Soft Apricot, 12 weitere LM, , 1 fM in die 2. LM von der Nadel aus, 3 hStb, 1 LM auf das letzte hStb und 1 fM in die selbe Masche wie das letzte hStb, fM entlang der Luftmaschenkette zurück, weitere 6 fM am Körper und 1 fM in die erste Masche des 1. Beins	(8)
21. R.	7 fM häkeln, 1 fM in die erste Masche des 2. Beins	(8)
22. R.	8 fM häkeln	(8)
23. R.	6 fM, die letzten 2 M zusammenhäkeln	(7)
24.+25. R.	7 fM häkeln	(7)
26. R.	2 M zusammenhäkeln, 5 fM	(6)
27.+28. R.	6 fM häkeln	(6)
29. R.	2 M zusammenhäkeln, 4 fM	(5)
30.+31. R.	5 fM häkeln	(5)
32. R.	2 M zusammenhäkeln, 3 fM	(4)
33.+34. R.	4 fM häkeln	(4)
35. R.	2 M zusammenhäkeln, 2 fM	(3)
36. R.	1 fM, 2 M zusammenhäkeln	(2)
37. R.	2 M zusammenhäkeln	(1)
	Faden durchziehen. Alle Fäden vernähen.	

Die Haare

1. Rd.	In Greenery 6 fM in einen Fadenring arbeiten	(6)
2. Rd.	jede fM verdoppeln	(12)
3. Rd.	jede 2. fM verdoppeln	(18)
4. Rd.	1 fM, 1 fM verdoppeln, 5x (jede 3. fM verdoppeln), 1 fM	(24)
5. Rd.	jede 4. fM verdoppeln	(30)
6. -9. Rd.	30 fM häkeln	(30)
10. Rd.	5 fM, 5 hStb, 10 Stb, 5 hStb, 5 fM	(30)
	Faden durchziehen, langen Faden zum Annähen lassen. Erst aber den Zopf wie folgt anhäkeln.	

MEHR SCHOKOLADENWOLKEN

Die Zöpfe

Einen Faden in Greenery an einer Masche des Maschenringes der Haare anschlingen und wie folgt häkeln: 14 LM, 4x (5 LM, 1 fM in die 2. LM von der Nadel aus, 3 fM), 1 KM in die nächste M auf der Reihe, 2x (5 LM, 1 fM in die 2. LM von der Nadel aus, 3 fM, 1 KM in die nächste M auf der Reihe), Luftmaschenkette mit KM zurückhäkeln, 1 KM in den Maschenring.
Das beschriebene Muster noch 5 Mal wiederholen. Dabei darf die Anzahl der LM in der Luftmaschenkette variieren, so dass die Wedel leicht unterschiedlich lang sind.
Jetzt die Haare am Kopf festnähen und mit einem Faden die Wedel zusammenbinden, so dass sie etwas hoch stehen. Den Faden in den Wedeln verbergen.
Wenn alle Teile angenäht und alle Fäden vernäht sind, wird das Lesezeichen mit einem Bügeleisen und einem feuchten Tuch dazwischen gedämpft, so dass die Gliedmaßen glatt liegen.

Begriffserklärung: LM – Luftmasche, KM – Kettmasche, fM – feste Masche
hStb – halbes Stäbchen
Stb – Stäbchen
Noppenmasche: 4 Stb in eine Masche häkeln, dabei jeweils die letzte Schlinge nicht abmaschen, sondern auf der Nadel behalten. Noch einmal den Faden holen und durch alle 5 Schlingen auf der Nadel durchziehen. In der nächsten Runde darauf achten, dass die Noppe auf der richtigen Seite (Außenseite des Gehäkelten) liegt.

Allgemeine Informationen

Hintergrundinformationen über den Autor, das Buch und andere Veröffentlichungen

Wenn Sie sich für den Autor von *Die Schokoladenwolken* interessieren, mehr über sein Leben und seine weiteren Bücher erfahren möchten oder mit ihm in Kontakt treten wollen, dann lesen Sie bitte den folgenden Abschnitt.

In diesem Abschnitt finden Sie auch Informationen über alle Personen, die einen Einfluss auf das Buch hatten.

DER AUTOR

Marc Remus ist ein deutscher Maler und Autor, der schon mehrfach ausgezeichnet wurde. Seine Bücher erhielten viele Literaturpreise in den USA und wurden ins Spanische, Italienische und Chinesische übersetzt.

Besuchen Sie die Webseite von Marc Remus:
(ein Newsletter ist auf Englisch erhältlich)

www.MarcRemus.com
Remus@MarcRemus.com

Soziale Medien:

Instagram:	marcremus
Facebook:	MarcRemusBooks
Twitter:	MarcRemusArt
Goodreads:	MarcRemus

Marc Remus wurde in den Vereinigten Staaten ausgebildet, erwarb seinen Bachelor in Kunst und Illustrationen am Art Center College of Design in Pasadena, Kalifornien und lebte einige Jahre in Japan und Mittelamerika. Er bereiste über 60 Länder und tausend Städte, von denen er mehr als 200 gemalt hat. Seine Gemälde wurden mehrfach im deutschen Fernsehen gezeigt und viele Zeitungen in Deutschland, USA und Mexiko berichteten über ihn.

Während seines Kunststudiums in Kalifornien in den 1990er Jahren belegte Remus seinen ersten Kinderbuchillustrationskurs. Seine Professorin inspirierte ihn dazu, nicht nur zu illustrieren, sondern auch zu schreiben. Das Ergebnis war ein Bilderbuch namens *Painting Brian*, das zu seinem ersten Buch und schließlich zur *Magora*-Serie führte. In den frühen 2000er Jahren studierte Remus vier Jahre lang am Institut für Kinderliteratur in Connecticut, USA. Im Jahr 2016 wurde das erste *Magora*-Buch, welches er bereits Jahre zuvor geschrieben hatte, veröffentlicht. In den darauffolgenden fünf Jahren wurden acht weitere Bücher veröffentlicht, und Remus erhielt zahlreiche Literaturpreise für sie.

Remus hatte schon in seiner Kindheit eine Vorliebe für Süßigkeiten. So begann er 2019 ein neues Projekt. Umgeben von vielen übergewichtigen Freunden und Familienmitgliedern kam der Autor auf die Idee, auf spielerischem Weg Kindern eine gesunde Ernährung zu vermitteln. Das Ergebnis war das Buch *Die Schokoladenwolken*. Der Autor benötigte zwei Jahre, um das Buch zu illustrieren, das mit seinen über 150 Zeichnungen eine Seltenheit in der heutigen Kinderliteratur darstellt.

Zurzeit arbeitet Marc Remus an einem neuen Kinderbuch, während er weiterhin viel Schokolade isst und *Die Schokoladenwolken* in weitere Sprachen übersetzt werden.

AUTOREN-INTERVIEW

Wie lange haben Sie an Ihrem Buch *Die Schokoladenwolken* **gearbeitet?**
Ich habe Anfang 2019 mit dem Schreiben des Buches begonnen, aber ich habe schon viel früher Ideen dafür gesammelt. Anfang 2020 habe ich mit den Illustrationen begonnen.

Sie haben also drei Jahre gebraucht. Was hat länger gedauert: das Schreiben oder das Illustrieren?
Die Illustrationen haben zwei Jahre gedauert. Ich habe fast jeden Tag an ihnen gearbeitet. Schreiben und Lektorat waren in einem Jahr erledigt.

Warum hat das Illustrieren viel länger gedauert als das Schreiben?
Ich habe mich für einen sehr aufwendigen Illustrationsstil entschieden, der auf alten Märchen aus dem 19. Jahrhundert beruht. Diese Zeichnungen sind sehr detailliert, und man braucht länger für die Gestaltung. Man muss Schattierungen und Formen gestalten und kann sich nicht auf Linien allein verlassen. Zum Beispiel benötigte ich etwa eine Woche für eine ganzseitige Zeichnung, während ich aber nur ein paar Stunden für das Schreiben einer Seite brauchte. Außerdem habe ich mich dafür entschieden, viel mehr Zeichnungen zu verwenden, als das durchschnittliche Kinderbuch heute besitzt.

Warum haben Sie so viele Zeichnungen gestaltet? Wäre es nicht einfacher gewesen, nur fünf bis zehn Zeichnungen in das gesamte Buch aufzunehmen? Die meisten Verlage gehen ja diesen Weg.
Und genau das ist der Grund! Ich wollte es nicht so machen wie die meisten Verlage. Traditionelle Verlage sind heute finanziell nicht

mehr in der Lage, so viele detaillierte Zeichnungen in einem Roman unterzubringen. Bei Bilderbüchern ist das etwas anderes, aber diese sind auch nicht 200 Seiten lang. Die meisten Verlage arbeiten unter Budget- und Zeitauflagen und können nicht ihre Leidenschaft unabhängig von diesen Bedingungen ausleben.

Und Sie können Ihre Leidenschaft ohne diese Beschränkungen ausleben?
Ja. Ich habe bei der Gestaltung dieses Buches weder auf Zeit noch Budget geachtet. Ein traditioneller Verlag kann so etwas nicht tun. Mein einziges Ziel war es, ein wunderschönes Werk zu schaffen, das heute kaum noch in der Kinderbuchbranche zu finden ist. Die meisten traditionellen Verlage würden mein Buch als Liebhaberei abtun, weil es in dem heutigen umkämpften Buchmarkt zu teuer wäre, so ein Projekt umzusetzen. Und da muss ich den Verlagen zustimmen. Das Schöne aber ist, dass ich als unabhängiger Autor machen kann, was ich will. Die Verlage und der Markt diktieren nicht, was ein Autor/Illustrator gestalten soll.

Sie sagten gerade Autor/Illustrator. Ist es ein Vorteil, beides zu sein?
Es ist ein Segen und ein Fluch zugleich, weil man ständig zwischen zwei Jobs hin- und hergerissen ist. Die Möglichkeit, meine eigenen Geschichten zu illustrieren, gibt mir eine Freiheit, die die meisten Autoren nicht haben. Ich kann meine eigenen Einbände illustrieren, Zeichnungen für die Kapitel erstellen und das Layout gestalten. Das Endprodukt ist zu 100% mein Werk. Die meisten Autoren sind von Verlegern und Designern abhängig. Deshalb müssen sie oft Kompromisse eingehen. Bei traditionellen Verlagen hat der Autor noch nicht einmal ein Mitspracherecht bei den Illustrationen oder dem Layout.

AUTOREN-INTERVIEW

Kommen wir nun zu *Die Schokoladenwolken*. Mögen Sie Schokolade?
(Lachend) Aber klar doch! Sonst hätte ich auch ein Buch über Lakritze schreiben können, aber die mag ich überhaupt nicht.

Wie sind Sie auf die Idee von Wolken aus Schokolade gekommen?
Ich mag Regen, und ich mag Schokolade. Eines Tages ging ich am Fluss spazieren und bekam großen Hunger. Gleichzeitig fing es an zu regnen, und ich sah einen Jungen mit seiner Mutter. Er weinte, als ob er sich vor dem Regen fürchtete. Ich stellte mir vor, wie glücklich er gewesen wäre, wenn es Schokolade anstelle von Wasser vom Himmel geregnet hätte.

Haben Sie so Ihren Hauptcharakter Henry entdeckt?
Nicht wirklich. Der Junge war nicht die Grundlage für Henry. Ursprünglich hatte ich geplant, ein Mädchen als Hauptfigur zu verwenden, aber da ich in meiner sechsbändigen Serie *Magora* bereits eine weibliche Hauptfigur verwendet hatte, entschied ich mich für einen Jungen.

Sie wechseln also mit jedem neuen Buch das Geschlecht der Hauptfigur? Bedeutet das, dass Ihr nächstes Buch eine weibliche Protagonistin haben wird?
Nicht unbedingt, aber ich versuche, es ausgeglichen zu halten. In meinem nächsten Buch wird es überhaupt keine menschliche Figur geben, sondern einen Grumpfmumpf.

Was ist ein Grumpfmumpf?
(Lachend) Grumpfmümpfe sind imaginäre Wesen, die hinter Heizkörpern leben. Ich möchte noch nicht zu viel verraten. Ich bin noch beim Schreiben.

Sie haben in Ihrem Roman *Die Schokoladenwolken* sehr einprägsame Figuren geschaffen. Zu Beginn der Geschichte ist Tiger Henrys bester Freund, aber später wird er kaum noch erwähnt. Warum ist das so? War das beabsichtigt?
Ja, das war Absicht. Am Anfang hat Henry keine Freunde. Zu solch einem Zeitpunkt nehmen Tiere oft den Platz im Leben eines Menschen ein. Wenn aber ein anderer Mensch ins Leben tritt, werden Tiere zweitrangig. Und genau das ist der Fall mit Tiger. Sobald Karottina auftaucht, nimmt sie den Platz von Tiger ein und wird Henrys beste Freundin. (Lachend) Es ist halt etwas ironisch, dass eine Gemüseart einem Tier den Platz streitig macht.

Henry findet neben Karottina noch weitere Freunde. Sind sie mit ein Grund dafür, dass Tiger „unsichtbar" wird?
Tiger wird nie wirklich unsichtbar. Es war von Anfang an beabsichtigt, dass Tiger in den ersten Kapiteln eine wichtige Rolle spielt und später weniger wichtig wird. Aber er verschwindet nie, weil er in den Illustrationen zu finden ist. Sie haben vielleicht bemerkt, dass er in den meisten Illustrationen irgendwo versteckt ist. Ich habe ihn 34 Mal gezeichnet, mehr als Milo oder Anosmia zusammen.

Ich habe in dem Interview mit Karottina gelesen, dass sie ein Buch mit dem Titel Karottina und die Schokoladenwolken geschrieben haben soll. Haben Sie ein Nachfolgebuch mit Karottina als Hauptfigur geplant?
Ich habe darüber nachgedacht, aber im Moment ist noch nichts geplant. Ich arbeite gerade an der Grumpfmumpf-Geschichte und an einigen Übersetzungen in andere Sprachen. Ich verschicke alle paar Monate einen Newsletter, in dem ich meine Leser darüber informiere, was ich mache. Sollte ich jemals ein Buch mit Karottina als Hauptfigur

schreiben, werde ich es dort als erstes ankündigen.

Eine letzte Sache noch! Wie können Leser mit Ihnen in Kontakt treten?
Ich liebe es, von meinen Lesern zu hören. Wenn sie Fragen oder Anmerkungen haben, können sie mich jederzeit über meine E-Mail-Adresse Remus@MarcRemus.com oder über die sozialen Medien kontaktieren. Ich bin auf Instagram, Facebook und Twitter vertreten und habe meinen eigenen Blog auf meiner Website www.MarcRemus.com. Es gibt also viele Möglichkeiten, mich zu erreichen.

Ich danke Ihnen für das Interview.
Es war mir ein Vergnügen.

IN GEDENKEN AN

Es macht mich sehr traurig, dass ich zusätzliche Seiten in dieses Buch einfügen muss, um all den Menschen in meinem Leben zu gedenken, die im Jahr 2021 gestorben sind..

DAPHNE STEFANIDIS: Die Covid-Pandemie hatte einen großen Einfluss auf die gesamte Welt. Es war furchtbar, so viele Menschen sterben zu sehen. Ich habe viele Sommer auf der Insel Skiathos in Griechenland mit der Familie Stefanidis verbracht und war entsetzt mitzuerleben, wie Daphne Stefanidis wenige Tage nach der Infektion mit dieser schrecklichen Krankheit verstarb. Daphne, wir werden dich alle sehr vermissen! Skiathos wird ohne dich nicht mehr dasselbe sein!

NANCY BUTTS: Meine Redakteurin und Freundin Nancy Butts ist bei einem tragischen Autounfall ums Leben gekommen. Ich habe fast 20 Jahre lang mit ihr zusammengearbeitet, und ihr Tod war wie ein Erdbeben, das meine Welt erschütterte. Nancy war eine freundliche, bescheidene und hilfsbereite Person, die im Laufe der Jahre zu einer guten Freundin wurde. Wir tauschten Ideen über meine Bücher aus und halfen uns gegenseitig, wo immer wir konnten. Sie wartete sehnsüchtig darauf, die Illustrationen für *Die Schokoladenwolken* zu sehen. Nancy, ich hoffe, dass du jetzt auf einer Schokoladenwolke sitzt und die Veröffentlichung dieses Buches miterleben wirst.

LIESEL GÖTZ: Als ob zwei Todesfälle in einem Jahr nicht schon genug gewesen wären, verstarb meine Tante Liesel auch noch an Alzheimer. Obwohl ihr Tod abzusehen war, war es doch ein Schock. Sie war eine liebenswerte Tante, die mich immer unterstützt und gerne Witze gemacht hat. Es war immer eine Freude, mit ihr Zeit zu verbringen. Ich werde dich vermissen, Liesel!

SANDRA WILLIAMS: Der letzte Schlag kam im Sommer 2021, als meine High-School-Freundin Sandy starb. Bei unserem ersten Kennenlernen im Kunstunterricht in Cincinnati, Ohio, half sie mir, mich an der neuen Schule zurechtzufinden. Nach dem High-School-Abschluss verloren wir den Kontakt. Mit der Entstehung der digitalen Welt fanden wir Jahre später wieder zueinander und blieben seitdem in Kontakt.
Sandy hatte ein tragisches Leben. Schon in der High-School hatte sie Gewichtsprobleme, aber nach dem Abschluss nahm sie so stark zu, dass sie schließlich nicht mehr laufen konnte. Ihr Gewicht hätte sie fast umgebracht, aber sie kämpfte dagegen an und nahm ab. Ich habe oft mit ihr über Gewichtsverlust und die gesundheitlichen Probleme bei Übergewicht gesprochen. Ihre Geschichte hat mich schließlich dazu inspiriert, *Die Schokoladenwolken* zu schreiben. Als Sandy ihr Übergewicht besiegt hatte, wurde sie von einer anderen schrecklichen Krankheit heimgesucht. Nach jahrelanger Chemotherapie verstarb Sandy im Sommer 2021. Ich werde dich ewig vermissen, Sandy!

Ruhet in Frieden!

DANKSAGUNG

Nur sehr wenige Menschen waren direkt an der Entstehung dieses Buches beteiligt. Als Autor, Illustrator und Designer des Buches bleibt nicht viel Raum für andere kreative Menschen. Die Menschen, die jedoch daran beteiligt waren, sind mir sehr wichtig.

An erster Stelle möchte ich meiner Lektorin Nancy Butts danken. Sie hat mit mir 20 Jahre lang an meinen Büchern gearbeitet. Sie war die wichtigste Person bei der Entstehung dieses Buches. Ohne sie wäre das Buch nie das, was es heute ist. Sie hat mich durch die Geschichte geleitet, die Handlung verfeinert und mir geholfen, die Charaktere zu entwickeln. Es ist schmerzlich zu wissen, dass Nancy das fertige Buch nie zu Gesicht bekommen wird, und dass *Die Schokoladenwolken* das letzte Buch sein wird, das sie lektoriert hat. Nancy, ich werde dich schrecklich vermissen. Ruhe in Frieden!

Zweitens möchte ich meinen Lektoren und Korrekturlesern Nohemi Samundio Gamis und Stacy Shaneyfelt danken. Sie haben winzige Fehler entdeckt, die Nancy und mir entgangen waren. Sie haben das Buch perfektioniert.

Eine weitere Person, die direkt an diesem Buch beteiligt war, ist meine Kindergartenfreundin Catharina Maier. Sie hat das Lesezeichen von Karottina entworfen und die Anleitung sowohl auf Deutsch als auch auf Englisch geschrieben. Ich hätte diese Anleitung nie schreiben können, denn meine Häkelkenntnisse sind gleich Null. Vielen Dank für deine Arbeit.

Dankeschön auch an Sandra Williams. Du warst seit der High-School in Ohio eine wunderbare Freundin. Deine tragische Geschichte über dein Gewichtsproblem war einer der Gründe, dass ich dieses Buch geschrieben habe. Ich wünschte, du könntest das fertige Buch sehen. Ich werde dich und unsere langen Telefonate vermissen. Ruhe in Frieden!

Vielen Dank auch an alle, die mir in den letzten drei Jahren während der Entstehung dieses Buches Feedback gegeben und mich unterstützt haben. Dimitris Stefanidis, ohne deine ständige Unterstützung und dein Vertrauen hätte ich es nicht geschafft.
Nadja Losbohm, danke, dass du eine so gute Freundin und Autorenkollegin bist. Dein Lektorat hat die deutsche Fassung perfektioniert.
Maya Grossmann, vielen Dank für das Lektorat der deutschen Version des Buches und das wunderbare Feedback, das du mir gegeben hast.
Ingo Winnen, danke, dass du immer versuchst, mir mit neuen Ideen weiterzuhelfen, wenn ich feststecke. Ich schätze unsere Freundschaft sehr.
Katja und Nanette, danke für eure Namen, die ich mir einfach für zwei Charaktere in diesem Buch geklaut habe. Eure Unterstützung über die Jahre ist mir sehr wichtig.
Zu guter Letzt möchte ich mich bei meinen Eltern bedanken, die dieses Projekt von Anfang an unterstützt haben. Ein besonderes Dankeschön an meine Mutter, die eifrig an der französischen Übersetzung arbeitet.

Mit den Auswirkungen der Pandemie wurde die Kunstwelt hart getroffen. Glücklicherweise hat mich das Land Hessen bei der Fertigstellung dieses Buches finanziell unterstützt. Ein besonderes Dankeschön geht deshalb an die Hessische Kulturstiftung.

LITERATURPREISE

Marc Remus wurde mit zahlreichen Literaturpreisen in den USA ausgezeichnet. Hier die Preise, die seine Bücher erhalten haben:

GOLDMEDAILLEN:
Die Schokoladenwolken:
- The Wishing Shelf Literaturpreis, UK, 2021
- B.R.A.G Medaille, 2022
- SPR Literaturpreis, 2021

Magora 3: • Readers' Favorite Buchpreis, Kategorie: „Kinderbuch", 2018

Magora 2: • Literary Classics Buchpreis. „Kinderbuch Fantasy", 2018
- Beverly Hills Buchpreis „Jugendliteratur Fiction", 2017
- Moonbeam Kinderbuchpreis. „Kinderbuch Fiction Ebook", 2017

Magora 1: • Beverly Hills Buchpreis. „Kinderbuch Fiction", 2017
- New Apple Buchpreis. „Kinderbuch Fiction", 2017
- Moonbeam Kinderbuchpreis. „Kinderbuch Ebook", 2016
- Pinnacle Buchpreis. „Jugendliteratur Fiction", Winter 2016

SILBERMEDAILLEN:
Die Sprachdiebe:
- Readers' Favorite Buchpreis. „Bestes Jugendbuch Mystery", 2019
- Literary Classics Buchpreis, „Bestes Jugendbuch Sci-Fi", 2018

Magora 1: • Literary Classics Buchpreis, „Jugendbuch Fantasy", 2017
- IPPY Literaturpreis, Kategorie „Jugendbuch Fiction", 2016
- Readers' Favorite Buchpreis, „Kinderbuch Fantasy/Sci-Fi", 2016
- Purple Dragonfly Buchpreis, „Kinderbuch Fiction", 2016

BRONZEMEDAILLEN:
Magora 2: • IPPY Literaturpreis, „Bestes Jugendbuch, Fiction Ebook", 2017
- Readers' Favorite Buchpreis, „Fantasy/Sci-Fi für Kinder", 2017

ALLGEMEINE INFORMATIONEN

WEITERE BÜCHER

Das erste Kinderbuch von Marc Remus wurde im Jahr 2016 veröffentlicht. Es war Teil einer Serie namens Magora. *Die Schokoladenwolken* ist die achte Veröffentlichung des Autors. Seine Bücher schreibt er in Englisch und gelegentlich in Deutsch, aber sie wurden auch bereits ins Spanische, Italienische und Chinesische übersetzt. Alle Bücher sind auf Amazon erhältlich.

Veröffentlichungen:
- Die Schokoladenwolken (*The Chocolate Clouds*. Fantasy für 7-12 jährige)
- Die Sprachdiebe (*The Language Thieves*. Fantasy für Jugendliche)
- Magora - A World Beyond, Book 6 (Fantasy-Reihe für 8-14 jährige)
- Magora - The Woodspeople, Book 5
- Magora - The Uprising, Book 4
- Magora - The Bridge in the Fog, Book 3
- Magora - The Golden Maple Tree, Book 2
- Magora - The Gallery of Wonders, Book 1
  (Erstes Buch der Serie auch in Deutsch erhältlich)

Übersetzungen:
- Magora - Die Galerie der Wunder
  (Deutsche Ausgabe: *The Gallery of Wonders.*)
- Magora - La Galería de las Maravillas
  (Spanische Ausgabe: *The Gallery of Wonders.*)
- 魔拉杯拔谋 魔怔事酩 (Chinesische (traditionelle) Ausgabe: *The Gallery of Wonders.*)
- Sjokoladeskyene (Norwegische Ausgabe: *The Chocolate Clouds.*)
- De Chocoladewolken (Niederländische Ausgabe: *The Chocolate Clouds.*)
- Le Nuvole di Cioccolato (Italienische Ausgabe: *The Chocolate Clouds.*)
- チョコレートの雲 (Japanische Ausgabe: *The Chocolate Clouds.*)

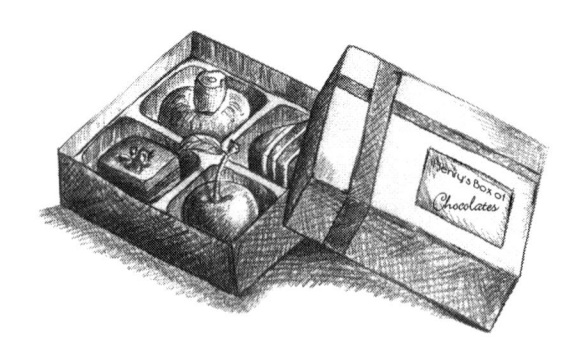

THE CHOCOLATE CLOUDS

Printed in Poland
by Amazon Fulfillment
Poland Sp. z o.o., Wrocław
20 November 2022

b4a0bd22-deb7-4476-8974-575e4f890b83R01